アトツギが日本を救う

事業承継は最高のベンチャーだ

株式会社サンワカンパニー代表取締役社長
山根太郎

幻冬舎

アトツギが日本を救う

事業承継は最高のベンチャーだ

●●●

アトツギが日本を救う　事業承継は最高のベンチャーだ

contents

第2章
お家騒動を恐れるな

第3章
「社長になれる」というすごいチャンス

第4章

アトツギ社長の心構え

第5章

事業承継は最高のベンチャーだ

●●● contents

装幀　萩原弦一郎（256nigoro）
編集協力　森本裕美
本文デザイン・組版　美創

●●●

プロローグ

突然の「やっぱり、お前しかおらん」

●●●亡くなる3日前の国際電話

2012年8月。そのとき私は伊藤忠商事の社員で、上海に駐在していました。いつものように仕事をしていると父から電話があり、こう告げられました。

「やっぱり、お前しかおらん」

父は、20代で事業を立ち上げた創業者です。私は、父の後を継ぐつもりはまったくありませんでしたし、父も「お前には継がさへん」と、よく言っていました。

けれども「やっぱり、お前しかおらん」。

このとき父は、末期の肝臓がんでした。ほとんど力が入らない手で、震えながら受話器を持ち、最後に会いたいということと、私に、会社を継いでほしいということを伝えてきたのです。

父の体がそろそろ危ないということは知っていました。

電話の1カ月前に母から連絡を受け、父に会いに行っていたからです。ガリガリに痩せ、腹水が溜まった父を見て、ある程度の覚悟もしていました。でも、家業を継ぐ話なんて、そのときもしなかったし、幼少時代をさかのぼっても一度もありませんでした。

だから、父から会社を継いでほしいと言われたときはとても驚きました。

「お前には継がさへんと言われてたから、そういう準備をしてないし。そもそも、やるわと言ったって、アパレルのことしかわからへんで」戸惑いながらそう伝えましたが、父の答えは、「それでええねん」。

「たしかにお前は、うちの業界のことはわかってへん。お前より詳しい社員は山ほどおる。業界内にもたくさんおる。だけど変わってへんやん。やっぱり中からは変えられへんねや。だからお前みたいな、わけわからんやつがいきなり来て、なんでこんな古臭いことやってるんですかって、好きにやってくれたらええねん」

私は迷いました。

当時、伊藤忠商事の売上は約12兆円、社員数は約4300人。

一方、父の会社「サンワカンパニー」の売上は56億円、社員数は約50人。

伊藤忠の社員をサンワカンパニーにヘッドハンティングしようとしても、なかなか難しいでしょう。

また、世間からの目も気になりました。

「起業家はカッコいいけれど、2代目はアホのぼんぼん」

世間から、そう思われている気がしましたし、親が作った会社でビジネスをするという後ろめたさのようなものもありました。

でも、これは父が最後にくれたチャンスです。社長になるというチャンス。このチャンスは、決してすべての人にめぐってくるわけではありません。

電話がかかってきた3日後、父は亡くなりました。そして私は今、サンワカンパニーの2代目社長をしています。

●●●後継者不足は日本社会全体の問題

後を継ぐことが決まってから、私は事業承継に関する本を読みあさりました。何からどう始めればいいか、さっぱりわからなかったからです。しかし、それらの中に私が欲しい情報はありませんでした。

私が見た、事業承継の本は大きく3つに分かれます。

1　ターゲットはご高齢の社長。どのように次世代に承継すべきかという話がつらつら書かれている。

2　相続税の節税の仕方などを税理士が解説したいわゆるハウツー本。

3　ユニクロや星野リゾートなどのように、同族社長だけど今は大企業に成長した話。

そうじゃない。

私が欲しかったのは、私と同じ30代くらいで後を継いだ人が、何を感じて、どういうことをやっているかという現在進行形の情報なのです。奮闘しながら成果を少しずつ出しているという、生の情報が欲しいのです。ところが、そういう本はいっさい見つかりませんでした。

私が会社を継いで早4年。

「もし、あのとき私が探していたような本があれば、アトツギになるか迷っている人たちの参考になるのではないだろうか」

そしてすべてをさらけ出して面白いと思っていただくことで、世間の同族企業に対するネガティブな固定観念を打ち壊したい。

それらが私がこの本を出版することにした理由です。

また、起業家には、ソフトバンクの孫正義さんや日本電産の永守重信さん、世界的企業を立て続けに創設しているイーロン・マスクさんなど、輝かしいロールモデルがたくさんいます。

ところが、家業を継いだ人となると、ユニクロの柳井正さんや星野リゾートの星野佳路《よしはる》さんは有名ですが、まだ若手と言われる年代には、これといった人は見受けられないように思います。

だから私がその穴を埋め、事業承継型経営者のロールモデルになると決めました。

今はまだ、失敗することも多い若輩者です。当時30歳でマザーズ市場最年少社長に就任できたのも創業者の功績です。しかし、かつての私と同じように、後を継ぐか迷っている人たちの役に少しでも立てるよう、必ずロールモデルになってみせます。

今、日本は後継者不足によって大きな問題を抱えています。

中小企業経営者の平均引退年齢は約70歳ですが、2025年には、中小企業経営者の6割が70歳を超えると言われています。

ところが、そのうちの127万社で後継者が不在の状況にあります。127万社のうちの半分は黒字企業です。にもかかわらず、事業を承継できないことによって廃業の危機に瀕《ひん》しているのです。もし、これらの黒字企業が黒字のまま廃業した場合、失われるGDPは年間約22兆円、雇用は約650万人だと予測されています。後継者不足は、日本社会全体の問題だと言えるでしょう。

●●●「アホぼんの2代目」と叩かれても

名刺交換をすると「すごいですね、お若いのに社長さんだなんて」と言われることがあります。そのとき、僕2代目なんですよと言うと「ああ、2代目なんですね」と返されます。

その「ああ」って、なんやねんと、最初のころは思っていました。

でも、今はもう、そういうことはどうでもよくなりました。2代目だろうが3代目だろうが、起業家だろうが関係ありません。

大切なのは、自分が人生をかけて取り組むことに、どれだけの意義があるかということです。きちんと結果さえ出せば、どういうストーリーで社長になったかは関係ありません。「結果を出して、企業として社会に貢献する」。ここが満たされていればいいのです。

今、家業を継ぐか継がないか迷っている人に、私は言いたい。


「誰に遠慮しているんですか?」


どうか、目の前のチャンスをムダにしないでください。何かやりたいことがあるなら、親の会社を使って実現を目指すのだって、立派な道です。

よく、ポジションが人を作ると言われるように、最初から完璧な社長はいません。

私自身も、組織改革をした結果、「アホぼんの2代目になった瞬間、株価下がった」とネットで叩かれたり、社員の4割が辞めてしまったり、いろいろありました。しかしそれらは、組織をよくするためには絶対に必要なことであり、信念を持って取り組んだことです。

実際、私が社長に就任したとき、社員数は約50人、売上は56億円でしたが、現在、社員数は130人、売上は約100億円になりました。組織として着実に成長しているという実感があります。

この本では、私自身が事業を承継するにあたって、困ったことや、よかったこと、失敗したこと、うまくいったことなどを包み隠さずお伝えします。現在進行形で奮闘しているアトツギ社長の一つのサンプルとして、参考にしていただけるとうれしいです。

第1章

大丈夫、
大事なことは
刷り込まれている

●●●「銀行は1分も待ってくれへんからな」

父は27歳で起業し、タイルや木材などを輸入販売する会社を営んでいました。そのため、飛行機に乗る機会が多くありました。出張するときに、母、私、弟で玄関へ見送りに出ると、いつも同じことを言ってきます。

「行ってらっしゃーい」
「ちょっと、太郎だけええか」
「なに？」
「飛行機は墜《お》ちることもあるから、もし墜ちたら、お母さんと弟の面倒はお前が見るんやで」

このとき私はまだ、5歳です。

同じく5歳のとき、こんなこともありました。

父がお客さんのもとへ、新年の挨拶に行くため車で連れて行かれたときのことです。

「ほな、行ってくるから、車で待っとけ」

(……車から降りて、挨拶をする父)

「お前はほんまに待っているだけか!」

「!?」

「待っとけと言ったら、ほんまに待つだけなんかお前は。臨機応変に対応せい!」

それ以来、お客さんや仕事関係の人に会ったときは「父がいつもお世話になっています」と、言うようになりました。

また、少しでも時間に遅れると「お前、銀行は1分も待ってくれへんからな」と怒られることもありました。5歳の子どもからすると「え? 銀行?」と、まったくピンとこないのですが、銀行に、いついつの3時までにお金を返せと言われたら、それが3時1分だろうが相手は絶対待ってくれないという話をしてくるのです。

このように、挨拶や時間を守るなどの基本は非常に厳しくしつけられました。私は長男なので、責任感を持てるようにという教えだったのかもしれません。

父が起業して間もなく私が生まれ、生活はかなり厳しかったようです。蛍光灯を買うお金もなく、母は、嫁入り道具で持ってきたテレビの明かりで料理をしていたというほど。そんな話を私に聞かせながら、当時住んでいたというワンルームマンションによく連れて行かれました。これも、ハングリーさを植え付ける教えの一種だったのかもしれません。

●●●「選択せい」ではなく「決断せい」

実は、私は川崎病の後遺症で、動脈に瘤《こぶ》がありました。激しい運動をして血流が速くなると、血栓ができて死亡する恐れがあったため、血液がサラサラになる薬を飲んでいました。

しかし、薬を飲んだら飲んだで、今度はケガをすると血が止まらなくなるので、やはり運動はドクターストップがかかっていました。人一倍体は大きいくせに、１００メートル以上走ってはダメ。マラソンはもちろん見学。水泳はみんな白帽のなか、私だけ何かあったらすぐ発見できるように、赤帽を被らされていました。

幼少時から、みんなと同じように運動できないというコンプレックスがあったため「人と同じようなものを望んで、本当にそれになれるのかな」と、ずっと思っていました。だから、将来何をしたいとか、夢や希望を抱くこともなく思春期を迎えました。

しかし、中学3年生のある日、父が私に言ったのです。

「お前、薬飲むのやめるか？　薬を飲むのをやめたら運動できるようにはなるけど、完治したわけじゃないから、血栓ができて詰まるリスクが出てくる。それでもやめるか」

母は、スポーツなんかしなくても、別にプロになるわけでもないんだからいいじゃないと、止めました。しかし父は、俺はこいつに聞いてるねんと制止し、こう続けました。

「決断せい」

今でもよく覚えています。「選択せい」ではなくて「決断せい」。

これは多分、自分の人生においてかなり大きな分岐点なんだろうと思いました。そして私は、たとえ死んでもいいから、薬を飲むのをやめて運動することを決断したのです。

高校では、テニス部に入りました。テニスを選んだのは消去法です。スラムダンク世代なので、最初はバスケ部に見学へ行ったのですが、バスケはチームスポーツで一体感が大切だから、下積みをしていないと試合には出せないと言われました。

私は中高一貫校に通っていたため、メンバーはほとんど持ち上がりです。他のみんなが、フロアを掃除したり、ボールを磨いたり、基礎練に打ち込んだりしてきているなか、いくら体の問題があったとはいえ、私だけ特別扱いはできないということでした。

こうしてチームスポーツを諦めた結果、剣道部、卓球部、テニス部が候補に残り、最終的にテニスにしたのです。

父からは、やるからには病気を言い訳にするなと強く言われました。テニス部は毎日10キロ走らないとコートに立つことを許されないので、私もみんなと同じように走りました。もちろん、死ぬかもしれないと思うこともありましたが、自分も同じように運動できる喜びが勝りました。

そんな毎日を過ごしていると、奇跡的なことが起きました。なんと、症状がかなり改善したのです。成長期に激しいトレーニングをしたことで血管が広がり、瘤の部分が伸びたそうです。おかげで今は、人間ドックでも異常なし。薬も飲んでいません。

決断をして、行動すると、運が後からついてくることもあるんだなと思います。しかし、ドクターからは「めったにないこと」と言われているので、おすすめはしません。

●●●履歴書を見ただけで「会ってみたい」と思ってもらえるか

ある日、テニス部の練習を終えてリビングで休んでいると、テーブルの上に紙が一枚のっていることに気が付きました。父の会社へ就職を希望している人の履歴書のようです。帰宅した父に履歴書のことを問うと、私に見せるために持ってきたと言います。父に促され、履歴書を読んでみました。

「うーん、聞いたことない大学やな。バイトしかしたことないんか。なんかパンチ弱いな」

私は高校生ながら偉そうに、思ったことを言ってみました。すると父は鼻で笑い、「お前、自分で書いてみぃ。そんで、自分で読んでみぃ」と。

たしかに、私も特に引きのない、ありきたりの内容しか書くことがありません。そして父は言いました。

「な？　俺は親やから、お前がどういう人間かわかっているけど、社会ってそういうもんやから。まず、引っかかってもらわんかったら、アピールする機会ももらえない。まずは、あの人とちょっと会ってみたいと思わせる人間じゃないと、サラリーマンとしてもダメだし、ましてや自分でビジネスするとなったら、もっとダメや」

こんなこともありました。

私が通っていたのは関西学院大学の付属校だったので、大学受験をする必要はありません。学部もどこでもいいと思っていました。だから、父からどこの学部にするのか聞かれたときも、商学部が「ラク商学部」と言われていて、単位をあまりとらなくていいので、商学部にするつもりだと答えました。そうしたら「アホか」と。

「単位がラクとか、勉強が身に付いたとかは、最悪どうでもええけど、お前の行く大学と言えば経済学部や。俺ら世代からすれば、関学と言えば経済や。最近は商学部のほうが偏差値が高い？　そんなん関係あらへん。人事部の人がどう見るかや。お前が商学部のほうが偏差値が高いと言っても、人事部の人は関学の経済と言えば、『ああ、関西では名門ですよね』と言ってくれて、採用のきっかけにはなる。だから、人に覚えてもらうという観点からすると、経済学部が一番ええんや」

また、商学部はハウツーを教える学部だから、破壊的なイノベーションが起こると、その都度勉強する必要があるけれども、経済学は原理原則を教えるものだから、そんなにすぐには変わらない。だから経済学の原理原則をまずは学んで、あとは社会に出てから頑張ればいいということも言われました。

「大切なのは、相手がどう見るか。そして本質を学ぶこと」

その教えは、今も深く刻まれています。今思い返すと、父は、節目節目で、本当にいろいろな言葉を授けてくれました。

一番になれないものに時間を使うな

高校でテニス部に入った私は、それまで運動できなかった悔しさを晴らすかのように練習に打ち込みました。大学へ行ってもテニスを続けたいと思っていましたが、父からは、「一番になれないものに時間を使うな」と言われていました。だから、高校在学中に全国大会に出られなければ、テニスをやめる約束をしました。

高校生最後の大会の成績は、関西ベスト8くらい。そのため、テニスをやめようと思っていたのですが「記念にお前が、世界的に見たらどれだけしょうもないかというのを感じてこい」と、父が勝手にフロリダのジュニア大会にエントリーしてしまいました。

英語はしゃべれないし、海外なんて行ったこともありません。でも、「えっ、アメリカに一人で行けるんだ！」と、なんだか面白そうだなという気持ちが勝り、参加してみることにしました。

しかし、いざ出発するとなると、言葉が通じないことに不安がよぎります。「そもそも、ちゃんと会場に着けるんやろうか？」父に言っても、「そんなもん、何とかせい。お前、中学から6年間も英語をやってきたんちゃうんか」と。「うん、まぁ……」としか返せず、関空まで送ってもらい、飛行機に乗り込みました。

そして、ダラスの空港に到着。この後は、乗り継ぎという難関が待っています。時計を見ると、飛行機の出発時刻が過ぎているではないですか。「うわ、遅刻したわ」と、あたふたしていたら「おいお前、ジャパニーズ。アメリカは国内にも時差があるんだぜ。だからまだ飛行機が出発する2時間前だ」というようなことを近くにいた人が教えてくれました。そのとき初めて、アメリカ国内に時差があることを知るようなレベルで、かろうじて目的の空港に到着し、そこからタクシーを使って、なんとか宿舎までたどり着くことができました。

「かわいい子には旅をさせろ」と言うと聞こえはいいですが、父からすると、最悪私に何かあっても骨は拾ってやるから自由にやれというスタンスだったのだと思います。

そして、いよいよ大会が始まりました。まわりを見渡すと、日本の全国大会で名をはせているジュニアの選手たちもエントリーしているようです。日本では、私はまだ勝利を収めたことがない実力者ばかりです。ところが、彼らは次々に敗退していきました。その一方で、私はなんと準決勝ぐらいまで勝ち進んだのです。

こうして、たまたまだったとは思いますが、海外の大きな大会で、ある程度の結果を出すことができました。それによって、海外のほうが向いているのではないかという話になり、高校卒業後もテニスを続けてもいいことになりました。当時、世界ランキング1位であったピート・サンプラス選手やスイスのマルチナ・ヒンギス選手とフロリダで一緒にトレーニングできたことも、志を高く持てた大きな要因だったと思っています。

そして大学生になると、伊達公子さんのコーチであり後に日本代表監督となる竹内映二コーチに指導していただき、海外を転戦する日々が始まりました。一年の半分は海外に行っていたと思います。

そんなある日、父から「もう一回エントリーシートを書いてみろ」と言われました。

高校生のときには、「関西学院中学部・高等部・普通免許」くらいしか書くことがなかったエントリーシート。しかし、今度はすらすら書けます。

「テニス選手として延べ20カ国でプレイをしてきました。一般的に言われている国民性というものは、まったく当てはまらないと感じました。やはり個体。個と個で人を判断すべきだと思います」。たしかに、以前書いたものと比べると見違えます。

こうして、自分でも気付かぬうちに、テニスを通して人間的に成長していった私ですが、21歳のとき、プロになる夢を諦めました。「一番になれない」とわかったからです。

このときは、体も、技術も、精神的にも最も充実しているときでした。でも、ニュージーランドの大会で世界500位ほどの選手に、10分くらいで負けました。世界1位の相手に負けるならまだしも、500位でこれかと。しかも、その500位の人も次の試合であっさり負けていたので、これはもう無理だと痛感。


父からの言葉も背中を押しました。

「お前に、金がないからテニスをやめてくれと言ったことはあるか？　今の生活を続けていて、将来、お前の子どもがフィギュアスケートをやりたい、テニスをやりたいと言ったときに、かなえてやれるんか」

これを聞いたとき、私はある出来事を思い出しました。中学生のときのことです。父の知り合いの会社がつぶれ、その社長が家にやってきました。その人の娘さんはフィギュアスケートを習っていたのですが、倒産してお金がないから、父に援助してほしいということでした。子どもが聞いてはいけない話だと思ったので、自分の部屋へ行こうとしたら、「お前、どこ行くねん、ここにおれ」と言われて、やりとりを見守ることに。

相手は土下座しながら「どうか、娘の夢を！」と、必死に父に頼んでいました。そして父は「わかりました。ちょっと考えさせてもらいます。今日はお引き取りください」と、相手を送り出しました。

私は、土下座して頼む相手に同情していたので、父も、少しくらいは援助してあげるだろうと思っていました。ところが、

「俺、絶対出さないから」

驚く私に、父はこう続けました。

「なんでお前に聞かせたかわかるか？　息子とか娘に何かの才能とかチャンスがあるのに、それが金のせいで実現させてやれないというのは、父親の怠慢でしかないから」

この出来事を思い出したとき、このままプロになれるかわからないテニスを続けていては、やっぱりダメだと思いました。

もう一度、世界で一番を目指せるものを見つけなくてはいけない。そう思って、プロになる夢をきっぱり諦めたのです。

●●●フィレンツェ大学に留学するも、取得単位ゼロ

テニスのラケットを置いてから半年くらい、ぼーっと過ごしました。昼まで寝て、家でゴロゴロ過ごして。

そういう毎日を送りながら、次の目標を模索していると、漠然とこう思うようになりました。

「ヨーロッパとかを飛び回って、デザインに関わる仕事ができたら面白いだろうなぁ」

父に打ち明けると、さっそく突っ込まれました。

「お前、ヨーロッパに行ったことないやろ。何をイメージで語ってるねん。まずは旅行へ行かしたるから、1週間行ってこい」

そうして、父のマイルを使ってフィレンツェへ行ってみたところ、こんなに美しい街があるのかと衝撃を受けました。幼稚園児や小学生が美術館を遠足で訪れて、写生をしたりしています。すぐに気が付きました。素養が全然違うと。

これは、現地で勉強しないとダメだと痛感しましたが、自分は今さらデザイナーになるというタイプでもありません。だから、デザイナーやデザイン性のある商品を、どうやってビジネスにするかを学びたいと思いました。

いろいろ調べた結果、フィレンツェ大学はフィレンツェ発祥のグッチやフェラガモの一族が講師に名を連ねていて、貴重な話が聴けそうでした。そこで、フィレンツェ大学に1年間留学することに決めたのです。

ここからは、ちょっと恥ずかしい話になります。

当時、関学はフィレンツェ大学と提携していませんでした。そのため、まずは交換留学申請を出してもらえるように事務局にお願いをして、学部長と面接。さらに、費用の一部は国費だったので大阪市まで面接にも行って、なんとか交換留学の制度を作っていただきました。

とはいえ、もちろん私はイタリア語なんて話せません。そのため、最初の1年間は休学をして語学学校でイタリア語の勉強をしました。そしてなんとか入学試験と面接をパスし、ようやくフィレンツェ大学へ通えることになったのです。

にもかかわらず。

取れた単位はゼロ。

フィレンツェ大学に1年間いて、私は単位を一つも取ることができなかったのです。

帰国後は、当然「君ねぇ！」という具合に怒られました。わざわざ交換留学申請を通してもらい、国費までいただき、関学の名を背負って乗り込んだわけですから、叱責されて当然だと思います。

でも、「ちょっと待ってください」と。

「それだけ聞いたらそう思うでしょうけど、僕は日本人ですよ。毎日2～3時間の睡眠で1年間勉強しました。だけど試験が口頭でした。会話試験で、不正ができないように全生徒が後ろで待っているなか、教授に一人ずつ呼ばれて、『それでは、イタリアがEUに統合される前と後のメリット、デメリットについて、一般的に言われている部分と、あなたが思う部分を述べてください』みたいに聞かれたんですよ。それ、日本語でも10分もちませんせん」と訴えました。

そうすると、「それは無理やな」という感じで、なんとか許してもらうことができました。

事実、イタリアにいた間はものすごく勉強をしました。大体午前中は地元の子にテニスをイタリア語で教えて、昼ごはんを食べて、大学へ行って、15時くらいに戻ってきて、それからプライベートレッスンでイタリア語の授業を受けて。さらに22〜24時まで比較的安く受けられる移民用の授業を受けて、帰宅した後、明け方まで自習もして。

こんな毎日を送っていたのに、単位を取れなかったということは、結局まだ勉強が足りていなかったんだと思います。でも、大学時代を振り返って、テニス一色になっていないのは、あの経験があったおかげです。

20歳の誕生日プレゼントは150万円と実印だった

20歳の誕生日に父に呼ばれ、テーブルをはさんで席に着くと、突然札束が目の前にポンと置かれました。150万円あると言います。そして、なぜか印鑑もありました。

「これ、どうしたん?」

私はびっくりして、父に尋ねました。すると父はこう言いました。

「一般的な家は、たぶん今後も結婚祝いやマンションの頭金などでお金を出してくれると思う。結婚式といったら500万ぐらいかかるから、両家で割ったら250万。マンションは3000万だとすると頭金は300万円。それで550万円やんか。でも、俺は550万をお前に出すつもりはないねん。今後いっさい、金を渡すつもりはない。その代わり、今、この150万円をお前にやる」

突然、150万円をもらえることになり、私は戸惑いました。でも、20歳の誕生日に150万円ももらえるなんてラッキーな気もします。どう使うつもりか聞かれたので「車でも買おうかなぁ」と浮かれて答えたら、父が一喝。

「アホか。自分に投資せい!」

そしてこう続けました。

「車は、乗った瞬間に価値が大体半分になるんやで。お前が一回ハンドル握った瞬間に価値が半分になるねん。だから自分に投資せい。教育とか経験は、お前が死ぬまでお前の糧になるから」

いきなり150万円もらえるなんて、ぜいたくに育てられていると思われるかもしれません。でも、小遣いなんてもらっていませんでした。「海外で転戦しているテニス選手です」と言うと、テニスが好きな方などからは、教えてほしいとオファーをいただくことが多かったので、一人2000円くらいいただいて8名集めれば1万6000円になります。そうやって必要なお金を作っていました。

20歳の誕生日に父から贈られたものは、150万円だけではありません。印鑑もありました。そして、それはなんと、私を2億円の保証人にするための実印でした。

「今日からお前は成人やから、保証人になれるから。入学式のときに買ったスーツがあるやろ。あれはまだ着れるんか？　明日、そのスーツをお母さんにアイロンあててもらって着て、一緒に銀行へ行くで。実印は作ってきているから、ほら、これな。だからまずは明日の朝、登録してこい」

そして私は、20歳で2億円の保証人になったのです。

もちろん「なんでなん？」と聞きました。父の答えはこうです。

「大丈夫や、ただの数字やから。お前に返してもらおうとは思ってない。だけど保証人という機能を、お前は20歳になったことで持ったんや。そもそも、お前の生活費は俺が出してるから、俺が出せなくなったら、お前も共倒れや。だから一緒やろ。なんのリスクがお前にあるの？」

当時、サンワカンパニーは非上場だったので、会社に何かあった場合は個人の資産を取り上げるという根保証《ねほしょう》が社長に付いていました。その根保証の保証人を社員にさせるわけにもいかず、私だったのかなと思います。

そして、この話には余談があります。

父と銀行へ行き、支店長が書類にハンコを押して席を外したとき、隣にいた営業マンが「次の支店長は攻めるタイプなので、いろいろやらせてもらいます」と言いました。すると突然父が、「いいねぇ、攻めない経営者というのが存在できて！　経営者は、やっぱり攻めなアカンと思うけどね。おたくには、攻めなくてもいい経営者というのが、いるんだね」と、大声で言い放ったのです。

私は「ちょっと、ちょっと、2億も貸してもらってるのに、何、この感じ」と、あたふたしたのを覚えています。きっと、父からすると、攻めてビジョンを示していくのがトップの役割なのだということを、私に聞かせたかったのだと思います。あるいはただ単に腹が立っただけなのかもしれませんが。

●●●「そしたら、お前、一生時給1500円やで」

父は、時給という考え方が嫌いでした。たとえば、

「今、お前の時給が700円だとする。同じ仕事を倍やって、1500円にできるか？」

「たぶん、できると思う。客を倍さばけば」

「じゃあ、10倍にできる？」

「10倍はちょっと無理やなぁ」

「そしたら、お前、一生時給1500円やで」

「……そうやなぁ」

「でも、商売やったら、1個売れて10円しか儲《もう》からへんかったら、1万個売ったらええねん。10万円や」

こういう話をよくしていました。

高校3年生のときには、三者面談でこんなやりとりもありました。

「ちょっと息子さんは攻撃的な面があるので、客商売とか、社会勉強としてバイトをしたほうがいいと思いますよ」

担任の先生にそう言われ、父が何と返すのかなと思っていたら、「それで社会性が身に付きますかね」と。そしてこう続けました。

「そりゃあ、こいつの1時間は今は700円で買えますよ。でも、700円で売ってメリットがあるのって、企業側だけですよね。こいつの1時間を700円にするか、1億円にするかというのは、こいつ次第なんですよ」

ちなみに、このやりとりがあったおかげで、私は高校3年生の夏、フロリダのテニスの大会へ出場することになったのです。

「どういうふうに、こいつに社会性を身に付けさせるかとか、一流の人間にするかというのは、こっちで考えますので、バイトはさせません」と三者面談で宣言した父。その結果「お前はバイトなんかせんでいい。テニスの大会でフロリダへ行ってこい」ということになり、私を海外へ送り出したのです。

●●●準備ゼロで「サンワカンパニー」を創業

今思うと、父はちょっと変わった人間だったと思います。

父は広島県尾道の出身で、高校時代はラグビーの国体選手に選ばれ、早稲田大学でラグビーをすることを夢見て上京しました。

しかし、入学できたのは、同じくラグビーの強豪校である明治大学。夢を諦めきれない父は、祖父に仮面浪人を申し出たそうです。ところが、反対する祖父と議論をしているさなか、練習中に負傷。祖父からも「ラグビーで食べていけるわけでもないのに時間のムダだ」と言われ、ラグビーと仮面浪人を諦めました。その代わり、卒業後にロンドンへ留学させてもらったそうです。広島の出身で、東京の大学に進学、そしてロンドンへ留学というのは、当時としては珍しいキャリアだったと思います。

留学中は相当苦労したようです。

語学はもちろん、当時は人種差別が根強く、ルームメイトは父の財布をしょっちゅう盗み、見つかっても「これは神様がくれたものだ」と平気で開き直ったとか。私が物心ついたころには、父は髪の毛がすべて白髪だったので、20代のころにかなり苦労を重ねたのでしょう。

イギリスから帰国した後、父は百貨店の輸入貿易部に就職しました。本人談によると、営業成績は常にトップ。誰からも一目置かれる存在だったそうです。そのため、上司に疎ましく思われて嫌がらせを受け、お恥ずかしい話ですが殴り合いのケンカになり、即日解雇に。

そんな状態で地元に帰ることもできず、サラリーマン時代の人脈で商売をしようと独立を決意しますが、ケンカ別れをした百貨店に妨害され、途方に暮れたと言います。

その後、全国を営業して回り、「日本一、モノ作りの中小企業工場が多い大阪」に流れ着き、「ここでダメなら広島に戻ろう」と覚悟を決めて、海外のタイルや絨毯《じゅうたん》などの輸入販売を開始。

すると、「兄ちゃん、どこの誰か知らんけど、この商品おもろいな。買《こ》うたるわ」と、素姓の知れない20代の青年が持ってきた商品を買ってくれるのを見て、大阪の街には商売人を受け入れる文化があると感じ、根を下ろすことを決めたそうです。

そして1979年、大阪、北浜の雑居ビルに株式会社三輪が誕生しました。

●●●世の中に存在しなかったビジネスを始める

創業した直後は、輸入建材と東大阪の中小企業で製造した自社オリジナル商品の卸売販売で、少しずつ売上を伸ばしていきました。

ところが、足を骨折して手術し、1カ月入院している間に、当時の社員が会社のキャッシュを飲み食いで使い果たしてしまいました。人間不信に陥ったそうですが、その後は、バブル景気の影響もあり、なんとか業績が上向きになったといいます。創業から約10年で社員が5人。約15年で12人、売上は10億円程度でした。

しかし、1995年、阪神淡路大震災が起こりました。

当時、京都の大きなプロジェクトへ納品予定だった商品が、神戸の倉庫に保管されていましたが、地震で屋根が崩れ落ちてしまいました。商品が無事か確認するために、父は中に入ろうとしますが「屋根を修理しなくてはいけないから、中には入れられない。どうしても荷物を確認したいなら保証料を払え」と、倉庫会社から理不尽なことを言われ「それなら荷物はいらない」と、諦めて帰ってきたそうです。

会計士からは破産勧告を受け、大きなピンチに陥りましたが、幸い、京都のお客様にも待っていただくことができ、イタリアの仕入れ先も無償で同じ商品を出荷してくれたうえ、少しでも早くとルフトハンザ社も無償で航空輸送してくれました。

その経験から、父は震災や洪水などの災害が起こるたびに、過去に商品を購入してくださった被災者の方には、無償で同じ商品もしくは代替品を支給するキャンペーンを始めました。これは、現在も受け継がれています。

余談ですが保証料を払えと言った倉庫会社は後に倒産しています。やはり苦しいときにこそ正しい選択ができるかどうかは経営者として非常に重要な要素だと思います。

そして2000年。

「俺な、ネットでタイル売り始めてん」

父が、うれしそうな顔で、当時高校生の私に話しかけてきました。

バブル崩壊にともなって訪れたゼネコン不況の影響で、会社が保有していた手形のほとんどは紙切れになってしまいました。資金繰りはなんとかなったものの、トラブルがあったときに備えて多めに発注していたタイルが倉庫に滞留していました。

そこで、倉庫に余っていたタイルを試しに売ってみることにしたそうです。ホームページ作成から受発注まで、父と新入社員の2人で行い、これまで世の中に存在しなかった「建材のインターネット販売」というビジネスを始めたのです。初月から売上が立ったことから、このビジネスは当たると確信したそうです。

そのとき父は47歳。47歳で「これからはインターネットの時代が来る」と言ってすべてのビジネスをインターネットに切り替えるというのは、やはり創業者だからできることなのかもしれません。

建材のインターネット販売のビジネスは順調に伸びていきました。2002年にはキッチンや洗面台などの住設機器分野に進出し、大きく売上を伸ばします。しかし、それまでは卸売を行っていたにもかかわらず、インターネットで直接ユーザーに価格をオープンにして販売したということで、業界内で嫌がらせを受けることも少なくありませんでした。

きちんと納品しているはずのタイルを割られて返品されたり、「不良品が納品されたから現物を確認しに来い」と言われ、夜間工事の現場に夜中の2時、3時に呼び出されたりすることも日常茶飯事でした。

当時、大学生だった私の部屋へ深夜にやってきて「起きてる？　ちょっと、ドライブ行かへん？」と、接待で酒を飲んだ自分の代わりに運転をさせ、現場へ駆けつけることもよくありました。

また、大学3年生のときには、父から「お前、今いくら貯金あるの」と聞かれたこともあります。

「350万くらいかな」と答えると「いくら出せる？」と。「貸せる？」ではなくて「出せる？」です。

さらに、「お前の金って、基本的に教育もテニスも俺が出したもんやからな」と迫られ、「……そうやなぁ、200万くらいなら出せるかな」と答えると、「えっ、残りの150万、そんなにいるの？」と言われて。多少は遊ぶ金も必要だと訴え、結局300万を渡しました。

あのころの父は、相当しんどそうでした。深夜に呼び出されることが多かったので、体力的にも厳しそうでしたし、精神的にも追い詰められていました。母が、古くなった歯ブラシを捨てると、「誰や、俺の歯ブラシを隠したやつは」と言い出して「なんで、どいつもこいつも俺の邪魔をするんや！」と、家でわめき散らしていることもありました。

●●●帝王学は知らないうちに授けられているもの

その後、取扱商品も増え、順調に売上を伸ばしていきましたが、依然として対抗勢力の圧力は強く、競合他社から「あそこはバッタもんを売ってる、よくわからんネット会社やから、買うんはやめといたほうがいいですわ」と中傷を受け、悔しい思いをしたそうです。

それ以来、父は社会的信用を得るために、上場を強く意識するようになりました。そして社名を「サンワカンパニー」に改め、上場を目指していたさなか、残念ながら肝臓がんで他界したのです。

上場はひとまず延期されたものの、残された社員の頑張りによって、ついに２０１３年９月、上場を果たしました。

そして、２０１４年6月12日、当時30歳の私が、マザーズ市場最年少で代表取締役社長に就任したのです。

卸売からネット通販に舵《かじ》を切ったのが、父ではなくて私だったら、ストーリー的には美しかったかもしれません。けれども、私が、マザーズ市場最年少で代表取締役社長に就任できたのは父の功績であり、父の苦労があったからこそです。

父は「お前には継がさへん」と言いながらも、挨拶や身だしなみなどの基本的なことはもちろん、ビジネスの考え方などの帝王学を、しっかり私に伝えていました。

これはきっと、父が特別だったからではありません。家業がある家に生まれた人は、その家なりの帝王学を授けられ、大事なことは刷り込まれているはずです。まわりの同族経営者に話を聞いても、Ａさんの家にはＡさんの家なりの、Ｂさんの家にはＢさんの家なりの教育があります。

自分が、どんな帝王学を授けられたかを知るには、いろいろな人と話してみるといいかもしれません。そうすると、自分では普通だと思っていたけど実は違ったとか、そういえばうちはこうだったとか、何か気付くことがあるはずです。その結果、考え方として、何かしら親から受け継いでいるものがあったんだと認識できれば、一つの自信になります。

だから、何の準備もできていないと思っていても大丈夫。むしろ、事業とは無関係の仕事をしたり、夢中になったりしたものがあるほうが、向いていることだってあります。後を継ぐ素地はできています。自信を持ってください。

イノベーションを起こしたらヤクザがやってきた

父がネットでタイルを売り始めたころ、実は家にヤクザがやってきたことがあります。

それまでは卸売だったので、お客様はゼネコンや商社でした。しかし、ネット通販に切り替えたことで、お客様は施主の方や、設計、工務店の方になりました。今までのお客様であるゼネコンや商社を飛び越えて商品を販売する、新たなビジネスモデルを築いてしまったわけです。

そういう大転換を起こすと、思いもかけないことがいろいろ起こります。口座の抹消や出入り禁止、取引停止などさまざまありましたが、その中の一つが「家にヤクザが来た」です。

そのとき私は大学生。午前中、部屋で寝ていたら「ピンポン、ピンポン、ピンポン！」と、けたたましくインターホンが鳴りました。なんやねんと思いながらインターホンの画面を覗《のぞ》くと、見るからに怖いお兄さんが、ピンポンピンポンと押しているわけです。家には、私一人。慌てて父に電話をして「ヤクザが来とる」と言うと、「あぁ、昨日のチンピラか」と。

どうやら前日に揉《も》めた相手のようです。父の説明はこうでした。

神戸でサンワの商品を使って工事をしていたら、その近くにヤクザの事務所があった。するとヤクザに「誰に許可を取ってるんだ」と文句を言われた。父は毅然とした態度で「行政に取ってる」と答え、「それは組の代表としての意見なのか」と逆に詰め寄った。すると、ヤクザは慌ててその場を去った（当時、暴対法が厳しくなり、構成員がファストフード店で無銭飲食をしたために、組長が逮捕されるという事件があった時期でした）。

そのヤクザは、父を脅してお金が欲しかったのでしょうが、勝手な個人プレイを組長に知られると困ると思ったのでしょう。口止め料を渡すために、家までやってきたのです。事情を把握した私が、父にどうすればいいか問うと、「そんな汚れた金を受け取れるかと言って、追い返せ」と。いや、ちょっとそれ、俺が言うの⁉　いや、言うけども、俺がやるんかと……。仕方なく「ここはマンションで、他の人の迷惑になるので」と言って駐車場へ案内して、ヤクザと対面。

「昨日、お父様にご迷惑をおかけしたので、お詫《わ》びのお金を持ってきました」

「父から、大体の話は聞きましたが、こういうご時世なので、関わりがあるということ自体がダメなので、迷惑です。お金は受け取れません」

「男が一回引き出した金は、下げられへんわ。受け取ってもらわな、帰られへん！」
「いや、そう言われましても、来られること自体が迷惑といいますか」
「はあ？」

らちが明かないので、会社にいる父のところへ行ってほしいと伝えて、その場はおさまりました。結局、父のもとには現れず、その後、連絡はありませんでした。

●●●将来の独立を視野に伊藤忠に就職

総合商社に就職したのは、テニス選手をしていたときに感じた「楽しさ」があったからです。

プロになる夢を諦め、将来を模索していたとき、どうして自分は、あれほどテニスに熱中していたのかを改めて考えました。

すると、要因の大部分を占めていたのは、みんなが机上で勉強しているなか、世界中をめぐって、生きた語学を学び、たくさんの人に出会い、いろいろなものを食べる。そういう経験が楽しくて仕方なかったのだと気が付きました。そうすると、商社という選択肢が自然と浮かんできたのです。

父から「男たるもの、いつかは一国一城の主になれ」と言われていたことも大きかったです。総合商社であれば、金融や証券、保険など、さまざまな情報にアクセスできる同期を持つことができるので、独立するときの助けになります。また、大きい商売から小さい商売まで全部見ることができます。

父のコネは使いたくなかったので、父と関係のある商社は除外。そうして、伊藤忠商事に狙いを定めました。しかし、このままではただのテニス野郎になってしまうため、総合商社に入りやすいキャリアを築くために、フィレンツェ大学に留学したという感じです。就職したのは2008年。2年間留学している間に就職氷河期がほぼ終わっていたのもラッキーでした。

入社後2年間は、大阪の本町に勤務して、伝票処理や予算と実績の管理、課会の議事録作り、物流経費の改善などを経験させていただきました。

それと同時に、いつ独立しても困らないように準備を始めました。父は、何の準備もせずにケンカをして会社を辞めて、大変苦労したため、「独立するときに会社とケンカしないこと」「しばらく食うにも困るような辞め方はしないこと」を私に強く説きました。

そこで私が行ったのが、大企業で働いているメリットを最大限に活用することでした。社会的信用力をフルに活かして、1年目からローンを組んで投資用にマンションを購入したのです。1年目に1部屋、2年目にも1部屋、3年目にも1部屋。大体家賃10万円のところで、35年ローンを組むと、月々の返済が3万円ぐらいになります。7万円は浮くので、3部屋あれば21万円。これだけあれば、会社を辞めても生活はできるだろうと考えました。

とはいえ、このときはまだ、具体的に独立のプランがあったわけではありません。漠然と、商社で何年か経験を積んだ後、ＩＴ企業やシリコンバレーで働いてみて、何かビジネスを考えたいと思っていました。

●●●上海駐在で手にしたたくさんの財産

２０１０年から２０１２年までは、上海に駐在しました。

２００９年に、全部署の物流経費をとりまとめて一本化した結果、大きな利益が出たことが評価されたからです。ただ、てっきり駐在先はミラノだと思っていました。

私は繊維のブランディングの部署に所属していたので、駐在地はロンドン、パリ、ミラノ、香港、上海、ニューヨークしかありませんでしたし、私はイタリア語を話せます。となると、普通はミラノでしょう。ところが、駐在先に決まったのは上海。正直、香港でもないんかい、という感じだったのですが、「お前のような性格の人間は、自分たちで事業をクリエイトするところに駐在しないと意味がない」ということで上海に。

けれども、これは私の人生を支える大きな出来事になりました。

第一に、大きな自信になりました。フィレンツェ大学に留学したときは、親の資金援助がありましたが、上海駐在は社会人として自分で勝ち取ったものです。

また、中国語を身に付けられたことも大きいです。駐在1年目は、給料をいただきながら、上海交通大学で中国語の勉強をさせてもらいました。おかげで今、台湾や中国本土で交渉するときも、通訳が言ったことのニュアンスが違うと自分で補足することができます。

さらに、駐在中に知り合った信頼できる人を、後に副社長として引き抜くことができました。私が社長業に専念できるようになったのは、信頼できるナンバーツーを得たおかげです。

まだあります。上司と部下の関係性を学ぶこともできました。駐在中の日本人上司と合わず、上司が帰国するまでの3カ月間、まったく口を聞きませんでした。そのとき思ったのは、上司は、自分にとって都合が悪い部下の情報を上にあげない可能性があるということ。気に食わない部下が成果を出しても決して自分の上司に報告しません。

だから今、社長として働くなか「このマネージャーは、なんかいいことしか言わないな、ちょっと臭うな」という嗅覚が働いているように思います。

父から「やっぱり、お前しかおらん」と、電話がかかってきたのは、こんな生活を上海で送っていたときのことでした。

「最後に会いたい」ということと「会社を継いでほしい」という願いに応えるため、私は急いで帰国しました。

●●●父は私にだけ怒ってくれていた

布団に横たわっていたのは、ガリガリに痩せた父。頬はそげ落ち、唇は色を失い、声を出すことさえ苦しそうでした。

「後は時間の問題です」

亡くなる2日前、医師にそう告げられた私、母、弟は、父の痛みを軽減させるためにモルヒネ治療に切り替えました。

しかし、それを知らない父は、痛みが収まってきたことから、まだいけると思ったのでしょう。「ちょっと体が楽になってきたから、大丈夫かもしれへん。頑張って治すわ」と言っていました。

それから間もなく意識がなくなり、いつ呼吸が止まってもおかしくない状態になったので、私、母、弟というローテーションで、一晩ずつ父に付き添うことにしました。そして私が付き添いを担当した、2012年8月31日。父・山根幸治は逝きました。

「俺になんかあったらお母さんと弟を頼むな」無言でそう言われたように感じました。

葬式には、サンワカンパニーの社員や取引先をはじめ、たくさんの方々が参列してくださいました。

私は、社員の顔をほとんど知りませんし、社員や取引先も私の顔を知らない人が大多数です。父も「息子を会社には入れない」と常々言っていたそうなので、私が喪主を務めているのを見て初めて「あれが長男なんだ」と認識されたと思います。

初めて顔を合わせる父の仕事関係者と言葉を交わしていると、みなさん、口をそろえて意外なことをおっしゃいました。

「がんで亡くなるなんてね、あんな温和な人が。ストレスが溜まってはったんかな」

仕事関係の人は、口をそろえて父を「温和」と称し、「怒ったのを見たことがない」と言うのです。

私からすると、父はいつも怒っていたようなものなので、葬儀で初めて父の二面性を知り驚きました。

会社では「怒りは創造性を萎《な》えさせる」と言っていたそうです。社員に怒鳴ると、萎縮すると思っていたのでしょう。相手がどういうタイプかを見極めていたのだと思います。たしかに、父は私と弟に対する扱いも異なりました。弟には、ほとんど怒っている様子がありませんでしたし、私がイタリアに留学した一方、弟の留学先はベトナムでした。「ベトナムなら、何かあったらすぐに行けるから」と。

今思うと、よくも悪くも、父は私に目をかけていたからこそ、怒ってくれていたのかもしれません。あるいは弟は怒られるようなことをそもそもしなかっただけかもしれませんが。

そして出棺のとき、私は喪主として次のような挨拶をしました。

「父が何より愛していたのはこの会社であり、お客様だと思います。つきましては、今後も変わらぬご愛顧をお願い申し上げて私の挨拶と代えさせていただきます」

どうやら、この挨拶が、後に会社の命運を握ることになったようです。泣いて何も言えない人も多いなか、しっかり最後に挨拶をしたことで「何かあったら、この人を頼ろう」と、社員や取引先の方たちは思ったそうです。

しかしこのときはまだ、その「何か」が、現実のことになろうとは誰も思ってもいませんでした。

ただ当時の専務であり後の番頭社長は、弔辞を読み上げた際に、「『必ず会社を上場させます。あとは僕たちに任せてください』と言うと、山根社長はいつものように敬礼のポーズで応えてくれました」と、すでに意識を失って、筋肉の反射で右手が上下しているだけの父の姿を自分に都合よく解釈していました。

さらには、葬儀の翌日に実家に来て、母親に「次の世代にチャンスをくれたという意味では、亡くなってよかったと思っています」と残された者の気持ちを考えない発言をしていきました。このことは、今思えば、その後の嵐を予兆していたように思います。

●●●

第2章

お家騒動を恐れるな

●●● 社員からの悲痛な手紙で、入社予定を前倒しに

2013年の冬、1通の手紙が私のもとに届きました。

「このままでは、サンワカンパニーは崩壊する」

そこには、社員の代表たちからの悲痛な訴えがつづられていたのです。

そのころの私は、いずれはサンワカンパニーを継ぐつもりでいたものの、「もう少し先」をイメージして、まだ伊藤忠商事に在籍していました。

会社とケンカ別れをして苦労した父は、私にはそんなことをしないように強く望んでいたので、すぐに伊藤忠商事を辞めて会社を継ぐのではなく、もう少し経験を積んでから社長に就任したほうがよいと思ったからです。会社の決算書を見ても業績は安定していたので、しばらくは社内の古参に社長業を任せることにして、漠然と、あと5年くらい、35歳くらいまでを自分の勉強と人脈形成の期間に位置付けていました。

そのため、転職を決意し、翌年の春からは新しい仕事に就くことが決まっていました。世

界最古の株式会社である東インド会社の東京支社長に内定していたのです。私はそれまでずっと平のサラリーマンだったので、サンワカンパニーで社長に就任する前に、東京、インド、ロンドンを飛び回りながら、東京支社長としてマネジメント経験を積んでおきたいと思っていました。

そんななか、届いた手紙。

端的に言うと次のようなことが書かれていました。

「今の社長はダメだ。組織を掌握できていないし、先代の経営理念ともかけ離れている。このまま彼が社長を続けるなら、会社を辞めると言っている人がたくさんいる。一度、話を聞いてください」

ちょうど、出張で大阪へ行くことになっていたので、詳しく話を聞くことにしました。

そこで明かされたのは、現社長への積もり積もった不満と、現社長が社長に就任するにあたって、社員と創業家にそれぞれ異なる説明をしていたということです。

社員たちには「社長に指名された」と説明。

創業家である私たちには「会社の代表権の順位上は、僕が専務で2番になっているので、とりあえず社長をやります」と。

いろいろと話を聞くうちに、このままでは会社が危ないと思いました。そこで、前職を退社後、東インド会社に転職するのはやめて、サンワカンパニーに入社することにしたのです。

2014年3月31日に伊藤忠商事を退社。いよいよ翌日から、サンワカンパニーの社員です。肩書は、海外商品部の部長。

しかし、早くも嫌な予感がします。なぜなら、何時にどこへ来て、何を持ってきてくださいというような連絡が前日になっても会社から一切ないからです。

私はいいとしても、普通に採用した社員に対してもこうなのかと思うと、組織としてどうなっているのかと不安がよぎります。仕方なく私から会社へ連絡し、必要事項を確認して、4月1日を迎えました。そして出社してみると、私の嫌な予感は予想を上回る形で的中したのです。

●●● 4月1日初出社。社内の雰囲気は最悪

「おはようございます！」

大阪・北浜にあるサンワカンパニー本社へ出社。しかし、挨拶をしても誰も返事をしません。「なんか、見たことがない人だし、自分宛てじゃないから関係ないわ」という空気が社員たちから出ています。

私は決して、部長だからとか、次期社長だから挨拶をしろと言っているわけではありません。社会人として、スーツを着た見たことがない人がやってきたら、挨拶をするのは常識です。それなのに、みんな我関せず。

さらに、社員同士のコミュニケーションも最悪です。

当時、本社があったのはかなりのペンシルビルで、4階が商品部、5階が輸入部と購買部、6階がウェブ事業部、7階が管理部、8階が社長室でした。社員は50人くらいだったので、1フロアに大体10人しかいません。

にもかかわらず、お互いを名前ではなくて、フロアで呼ぶのです。「5階の北側の人」「6階の南側の人」という具合に。「うちは小さい会社だからコミュニケーションはいいから。会議なんかしなくても、重要な行事や事業は、即時にみんな情報共有されているから」と父から聞いていたので、「全然うそや！」と。

極めつきは、「社長、追い出し計画」です。

入社手続きが終わると、管理部のメンバーに呼び出されました。行ってみると、そこには、管理部のメンバー全員がそろっていて重苦しい空気が流れています。そしてA4のファイルが、バンと机に置かれました。

「太郎さん、これを見てください」

ファイルに目を通すと、そこには、どうやって現社長を追い出すかというシナリオが詳細に記されているではないですか。

私が啞然《あぜん》としているなか、社員たちによる社長への悪口大会が始まりました。延々と、彼はこの会社にいてはならないという陰口を言い続けます。

もちろん、「このままではサンワカンパニーは崩壊する」と聞かされていたので、社内が揉めていることはわかっていました。しかし、険悪さは想像以上でした。

そして「こういう手順で、社長を追い出すために進めていきますけど、ここにいるメンバーに異存はありませんか？　その後は、ここにいる太郎さんを次期社長として全面的にバックアップしていきましょう」と、場が締めくくられたのです。

正直「怖いな、この会社」と思いました（実際の計画名は、ここでは書けないくらい過激で、余計に怖かったのです)。

現社長を追い出そうとしている人たちから「今の社長は追い出しますが、あなたのことは全面的にバックアップします」と言われても、とても信用できません。弟は他社に勤めていますが、私と弟の株の持ち分は一緒です。ですから「長男あかんわ。俺らの言うこと聞かへんわ」となった場合、今度は私を追い出す計画を作って、弟にすり寄る可能性もあります。

入社後、しばらく様子を見ていると、「社長、追い出し計画」のリーダーである当時の管理部長も、かなり危うい存在だと感じました。

彼は、自分と対立する人間を除外していくタイプで、彼が原因で会社を辞めた人もかなり多かったようです。客観的に見ると、社長VS.管理部長の、個人的な感情のもつれから来ているイザコザに過ぎませんでした。

「結局、この会社の経営陣は、誰も会社のことを考えていないんだな」と思った私は、ある決断をしました。「計画に関わった人間全員に、出ていってもらう」と。

幸い、私は弟のことを尊敬しており、彼のほうが優れていると思う部分もたくさんあります。もし社長をやらせてくれと言われたら、私は黒子に徹してもいいと思っています。だから、彼ら全員に出ていってもらう目的は、私が社長であり続けたいということではなく、職務をまっとうするうえで、彼らが会社にいると精神衛生上よくないからです。

会社を守り、発展させていくためには、せっかくリスクを知らせてくれた人たちではあるけれど、会社にいてもらうわけにはいきません。事実、後に社長になってからも、関係者が全員退職するまでの間は、私以外の管理職で会議が行われていると、気になって業務にまったく集中できませんでした。

●●●お家騒動と言われてもいい。社内の膿はすべて出す

2014年6月12日、臨時株主総会が開かれました。CFOを筆頭とするメンバーが考えた「社長、追い出し計画」を実行するためです。

しかし、実は私は、前週に社長と食事に行き、進言していました。「来週、動議が出てきます」と。

彼は、よもや社内でそんな動きがあるとはまったく気付いていないようでした。「まさか、うちのスタッフが」と最初は笑っていましたが、「社長、追い出し計画」のファイルを見せると震え出しました。

その様子を見て「ほんまに気付いてなかったんや」と、非常に驚きました。社長として、ナンバーツーの動きをまったく把握できていなかったというのは、社員を掌握できていない証です。とはいえ、彼は長年、専務として勤めてくれた功労者でもあります。ですから、「あなたは今までずっと、専務だったんですから、専務に戻ったらどうですか」と提案しました。彼は困惑しながらも、その日は私の提案を受け入れました。

ところが当日。

株主総会後、いざ取締役会が開かれると、彼はボイスレコーダーを持ち込んで、段取りと違う発言を始めたのです。自ら辞めると言って、辞表も用意していました。結局、自分が在任期間中に名刺交換をした人全員に、追い出されましたというようなメールを打って辞めていきました。創業社長のためなら命も惜しくないと仰《おっしゃ》っていたのに残念です。

当時のCFOに関しては、取締役として再任しないと決めていました。

うちは取締役の任期が1年なので、12月の定期総会をもって再任しないという選択肢をとったのです。彼は、それをまったく想定していなかったようで、通告したときは驚いた様子でした。そうして、彼と、彼の取り巻きが数名辞めていき、最終的に「社長、追い出し計画」に関わったメンバーが全員いなくなったのは、2017年の12月です。

長年いた社員を追い出すようなことをするなんて、冷酷だと思われるでしょうか。たしかに、計画に関わったメンバーは皆、よいときも悪いときも会社を支えてくれた功労者であり、とても感謝しています。人格を否定するつもりもありません。

しかし、なんと言われても、組織の膿《うみ》はすべて出す。お家騒動と言われたってかまいません。隠し事もしません。だから、昨年、古参の役員が去ることになったときも、退職の経緯を、本人たちと対談をして会社のブログで公開しています。

実際、ネットの掲示板では「お家騒動銘柄」だと騒がれました。上場1期目で社長が退任して、CFOが交代になり、その交代になったCFOも1年後に辞めさせられるということで、だいぶ騒がれました。

けれども、私は信頼できないメンバーとは仕事をしないと決めています。社業を発展させていくために、社長として苦渋の決断を下したのです。そして必ずサンワカンパニーを、リーディングカンパニーにすると固く誓っているのです。

●●●一流の企業を目指して、まずは凡事徹底

社長になってまず取り組んだことは、凡事徹底です。

何よりも大切なのは、挨拶。一流企業になるためには社員も一流の人間である必要があります。挨拶もろくにできない人間を、一流の人間とは言えません。朝、会社に来て「おはようございます」と言わない、廊下ですれ違って「お疲れ様です」と言わない。これをやめようと言いました。

他にも、お客様の目に触れるところにゴミが落ちていても誰も拾わないのを改めるとか、本当に基本的なことからスタートしたのです。

時間厳守も口を酸っぱくして言いました。

私が社長になったころは「ちょっと今日、体調が悪いので昼から行きます」と、平気でメールだけで連絡してくる社員がたくさんいました。それを一回一回、正していくのです。「昼から治るのが確定している病気って、俺、かかったことがないから、差し支えなければ教えてほしいんやけど、なんという病気なの？」と。

私も人間なので、朝目覚ましが鳴ったときに、もう少し寝ていたいと思うことはあります。しかし、それでも「よし！　会社に行こう！」と思うのが社会人というものです。だから、そういうメールが届いたときは、ちゃんと病院に行って、診断をもらうように返信していました。

当時はまだ社員が50人ぐらいしかおらず、社内イントラ上にやりとりが出てくるので、社員全員が見ています。それをあえてすることで、眠くてもちゃんと起きて会社へ行くのが当たり前だと伝えていくわけです。

●●● 父が何でもでき、現場が全然育っていなかった！

凡事徹底をするなかで立ちはだかったのは、皮肉なまでの、父の多能さでした。

父は、財務管理に長《た》けていたので資金繰りができましたし、商品開発も得意でした。仕入れ先の工場へ行って細かいところまで口を出したり、仕上がったカタログを見て「これじゃあ、商品のよさが伝わらへん」と言って、カタログの校正までしていました。何から何までできたのです。

父に任せておけば仕事がちゃんと回るので、社員はすっかりあぐらをかいていました。要するに、現場が全然育っていないのです。

そこで私がまず行ったのは、権限委譲を進めて、組織として会社が自立的に回っていく仕組みを作ることでした。

たとえば、私が社長になったとき、現場で決裁できるのは10万円までで、100万円以上のものは全部社長のところに回ってくることになっていました。「いや、いや、これ全部やるんですか。一日中、ハンコ押さなあかんやん」という状況です。

もちろん、やりたくない、面倒くさいという意味ではなくて、現場で10万円までしか決裁できないとなると、決裁の幅が広がらないので、社員が自分で良し悪《あ》しを判断できなくなります。だから、社長になってすぐに、3000万円以上は取締役会、1000万円以上は社長、それ以下は部長までで決裁できるように改めました。

社員に権限を委ねると、不正が起こることもあると忠告されましたが、そのときは、それも含めて私の責任だと、私が謝ればいいと腹をくくりました。実際、横領やインサイダー取引をする社員も出てきましたが、もちろんすぐに開示をして、社長としてお詫びをしました。

社員には、冗談で「何かあったら、俺が泣いて謝ったらええんや」と言っています。

私はトヨタの豊田章男さんを尊敬しているのですが、豊田さんの言葉で特に印象に残っているのが、「自分たちの名前がついた車が世界中を走っているんだから、不誠実な対応はできない」というものです。

サンワカンパニーは、山根というブランドではありません。しかし、屋号に傷がつくというのは、家族が傷つくのとほぼ同じことです。だから、不誠実な対応をしたり、都合の悪いことを隠したりすることは、絶対にしたくありません。グレーではなく、全部ホワイトでいきたいのです。

●●● 株価は5分の1以下に、だが組織改革を断行

凡事徹底を進めると同時に、組織改革にも取り組みました。

1年目、特に苦心したのは、赤字を止めるという部分と、コミュニケーションを円滑にして組織をよくするということです。

まず、前経営陣が赤字を垂れ流していたシンガポールのショールームを閉めました。当時の年間利益に匹敵する2億円の赤字を出し続けていたのです。

2億円を損失計上したら、株価は当然下がります。株を20％くらい保有していたベンチャーキャピタルにも出て行ってもらったので、それも値下げ圧力になり、最高9140円だった株価が1500円くらいまで下がりました。

「アホぼんの2代目になった瞬間、株価下がった」と、ネットで叩かれたりもしましたが、私はメンタルが強いので気にしません。ただ、母親は少しメンタルをやられてしまったので、申し訳なかったと思っています。また、株主のなかには、追加保証金などを入れる羽目になった方もいるかもしれないので、襲われるリスクはあったかもしれません。

次に、北浜の本社を売却して全員ワンフロアで顔を合わせられるようにしました。

新しいオフィスはワンフロアなので「5階の北側の人」というように、フロアで人を呼ぶことはもうありません。また、フロアが分かれていたときは、用があって階を移動して行ってみたらその人はいなかったということがありましたが、ワンフロアなら、いるかどうかは一目瞭然です。時間のロスが減りましたし、雑談が増えて心理的な距離も近付きました。

「1年目から、ずいぶん思い切ったことをしましたね」と言われることもあります。でも、組織にメスを入れないと、大きく成長することはできません。どうすれば会社が持続的に発展するのかを考えたら、他の選択肢はありませんでした。どう頑張っても利益が望めない事業を放置するわけにはいきませんし、50人しかいない会社で仲間のことをフロアで呼ぶなんて不健全です。

短期的な利益を追求して、株主に喜んでいただくのではなく、中長期的な視点で経営をして、企業を発展させ、社会を変えていく。それがオーナー経営者の役割であり、醍醐味だと思います。

世襲社長が認めてもらうには結果を出すしかない

私が社長に就任したとき、なんとなく「ほんまにこいつで大丈夫か」という雰囲気は、やっぱりありました。

人間って恐ろしいなと思ったのは、6月12日の午前中まで私は部長で「太郎さん」と呼ばれていたのに、臨時株主総会を経て午後から社長になった途端、全員が「社長」と呼ぶようになったことです。

部長のときは本音を言ってくれていたのに、社長になった瞬間、本音も言われなくなりました。みんなが一歩引いて、「こいつで大丈夫か」と、査定しているわけです。

そんな、社員の不安や疑念を払拭《ふっしょく》するためには、結果を出すしかありません。

しかも、私のように親の後を継いだ人間は、サラリーマン社長よりも大きな結果が求められます。

どういうことかというと、社内でのしあがってきたサラリーマン社長は、それまでの実績が評価されて社長になっています。だから、社長としてはあまり結果を出していないとしても「あの人は、今までも成果を出しているからな」と、長い目で見てもらえたり、「安定した経営だ」と、評価されたりすることさえあります。

ところが、私のように世襲でなった場合は、なるのが簡単だったというと語弊がありますが、社長に就任するまでの過程で結果を求められていません。そのため、なった後は、より大きな結果を出さないと認めてもらえませんし、少しでも失敗すると「だから、同族はあかんねん！」と、足を引っ張られやすくなります。より結果にコミットする必要があるということです。

だから私は1年目から大胆な組織改革を行い、2年目には過去最高益を出しました。「な？　俺の言う通りにやったら、結果が出るやろ」と、示していくしかないのです。

もちろん、新たな舵を切ろうとすると、反発する人が出てきます。

特に、ベンチャー型事業承継で今までのリソースを使って新しいことをするとなると、古くからいる社員は絶対に反対します。「そんなの、ようわかりません」「リスクが高い」「リソースがありません」と。

でも、100%の人が満足する意思決定は絶対にありません。Aを選べばBに賛成していた人たちから恨まれるし、Bを選べばAの人たちに反発されます。

だからこそ大切なのは、より多くの社員、より多くの人の生活をよくしていくという方向や方法を、スピーディに判断して、決断していくことです。その軸さえ定まっていれば、決断することは苦にならないのではないでしょうか。

大体「できません」と発言する人間のほとんどが、できないのではなく「やりたくない」と思っているだけです。

●●●決意を宣言し、4割の社員が辞める

2015年5月、私はある決断を胸に、全社員総会で宣言しました。

「今は弱小校だけど、甲子園を目指したい。甲子園に行く気がない人間は、悪いけど今すぐこの船を下りてくれ」

サンワカンパニーはインターネットで成長した会社です。インターネットが消費者に与えたメリットは、時間と金銭的なコストの低減です。検索して比較することで、少ない時間で、より安いものを手に入れられるようになりました。

昔なら、「日本一の何々屋」とその町で言えば、調べようがなかったので購入してもらうことができましたが、今はインターネットで何でも調べられる時代です。どうやら2軒先のお店のほうが日本で一番安いというようなことが簡単にわかります。となると、比較検討した結果、二番手を選ぶ消費者はいません。

私は決して、カッコつけて「一番になりたい」と言っているのではなく、本当に一番しか生き残れない時代になっているから、一番でなければならないと言っているのです。

だから、「甲子園を目指す」と宣言をして、本気でその気がない人は出ていってほしいと告げました。

こういう宣言をしたら、大体辞めるメンバーはわかっていたので、社員が大幅に減ることは予測していました。実際、4割の社員が辞めました。

そのため、人手不足により、給与承認や評価面談なども私がすべてやることになったのでしばらくは大変でしたが、それでも、あの宣言をして本当によかったと思っています。残った社員からも、やる気のない社員が辞めていったから、すっきりしたと言われました。

これ以外にも、私の意思決定や改革のせいで会社を去ることになった人もいたと思います。けれども、私の仕事は、そういう人たちを甘やかすことではなく、サンワカンパニーという箱を使って社会に貢献する、事業を通して社会を発展させることです。だから、それにそぐわない人が離脱していくのは自然だと思いますし、そこに心痛める必要はないと考えています。

やっぱり、共通の認識を持って、この会社で社会を変えていくんだというメンバーと、私は仕事をしていきたい。そして、アクセルをグーッと踏んで、前進したいのです。

第3章

「社長になれる」というすごいチャンス

●●●社長になれるチャンスは、誰にでもめぐってくるものではない

父から電話で「お前しかおらん」と言われたとき、私は即答できませんでした。

突然のこととはいえ、父の最後の願いを断るつもりはありません。しかしだからといって「よし、後を継ぐぞ！」と、100％前向きな気持ちにもなれなかったのです。

原因の一つに、安定志向がありました。

当時、私が勤めていた伊藤忠は、売上が約12兆円。名刺交換をして、どんな会社ですかと聞かれることはありません。社会的信用が保証されていますし、収入も恵まれています。しかも、上海に駐在中は、中国語の勉強もさせてもらいました。伊藤忠にいれば、会社の看板で、これからもいろいろな経験をさせてもらえるかもしれません。

一方のサンワカンパニー。当時の売上は約56億円、社員数は約50人。

そのころは、ちょうど妻が妊娠6カ月で、私は間もなく父親になるというタイミングでした。そのため、伊藤忠に残るか、サンワカンパニーを継ぐか、どちらを選べば、より確実に子どもを守っていけるのかということが頭にありました。伊藤忠の社員でいれば生活はほぼ

保証されていますが、サンワカンパニーを継いだ場合、破綻するリスクもゼロではありません。確実性という面から言えば、伊藤忠に残るべきでしょう。

しかし、もっと突き詰めて考えたとき、私の気持ちは固まったのです。

もし私が、2代目を継がないという決断をして、将来子どもに「なんでやらなかったの」と言われたとき、「お前がいるから、確実なほうを選んだ」と言ったら、子どもはどう思うでしょうか。きっと、カッコ悪いと思うのではないかと思いました。

それと同時に、親になる以上は、自分の力で、30年、40年後に子どもたちの生きる未来の社会をよりよい方向に変えたい。それができる可能性はどちらが大きいかと考えてみると、サラリーマンでいるよりも、小さいながらも社長として後を継ぐほうがよいと思いました。しかも、社長になれるというチャンスは、誰にでもめぐってくるものではありません。

社長になれる。それは、人生の大きなチャンスなのです。世襲でチャンスを得た人間だからこそ、しっかりと社会に貢献して、次の世代のより多くの人に平等にチャンスを与えられる世の中にする使命があります。

後継ぎは恥ずかしくない

最近、私のインタビュー番組が放映された後にツイッターを見ていたら、「サンワカンパニーって同族なんだ。がっかり」というコメントがありました。

その人は、なぜがっかりしたのでしょうか。おそらく、同族経営＝親の七光のようなイメージがあるからだと思います。

たしかに、私自身も継ぐか迷っていたころは、同族とか2代目とか言われるぐらいなら起業したいという思いがありました。

当時は特に、大塚家具や大王製紙の問題などがあり、世間的に同族経営に対する風当たりが強い時期でもありました。そもそも同族経営は、失敗すれば叩かれるし、成功しても認められにくい傾向にあります。

しかも、「2代目」というのがまた絶妙です。

3代目くらいから、少し風当たりが弱くなってきて、これが5代、6代と続けば老舗《しにせ》と言われたり、8代までいくと「お、吉宗ですね。よ、暴れん坊」なんていう冗談が飛び交ったりもします。

それなのに、2代目というと、なんとなくイメージが悪い。

世間からすると、2代目というのは、親の資産で、なんの努力もせずに、北新地で飲み歩いているようなイメージかもしれません。そういう人はたいてい受験のときから失敗していて、親の金で海外留学をさせてもらって箔《はく》だけつけて、そのまま親の会社に就職して、特許を持っているおかげで努力しなくてもお金が入ってきて、1年目から高級車を乗り回す……というような、典型的なアホなぼんぼんのイメージです。

けれども、どんなに世間的に見た目が悪いからといって、後を継ぎたくないというのは、非常にもったいないことです。

ユニクロの柳井さんのことを「なんだ、2代目か」と言う人が誰もいないように、「なんだ、2代目か」と言われている間は、裏を返せば、世間はまだ結果を出していないと思っているということです。私がツイッターでつぶやかれたのだって、そういうことだと認識しています。

だから、もし「後継ぎは恥ずかしい」という思いがどうしても拭えない場合は、それを逆にモチベーションにしてしまえばいいのではないでしょうか。「突き抜けた存在にならないとダメなんだ」という反骨心に換えるのです。

また、「後継ぎは恥ずかしい」と思って、社長になれるというチャンスを棒にふるような人は、起業家としてもおそらく成功できません。

目の前にあるものは、親の会社でもなんでも利用する。たとえ赤字だとしても、売上があったり、取引先のノウハウがあったりするのはすごい財産です。それでのし上がるくらいのバイタリティーがなかったら、どのみちやっていけないと思います。

●●●2代目の引け目を吹っ切らせてくれた出口治明さんのひと言

「2代目は恥ずかしくない」と何度も言っていますが、実は心からそう思えるようになったのは、つい1年ほど前からです。頭ではわかっていても、やっぱりどこかで引け目を感じていました。

社長になった後、私は必死でした。

「サンワカンパニーは、父親が作った会社だ。だから2代目である自分がちゃんと結果を出さないと、世間は認めてくれない」そう思って凡事徹底し、組織改革を断行しました。

私自身が目立っても仕方がないと思っていたので、会社の代表挨拶のところに顔写真を入れていませんでしたし、メディアに登場することも拒んでいました。結局、自分はあくまでも2代目なんだという引け目が、どこかにあったのです。

そんなとき、社外取締役として経営に参画してくださっているライフネット生命保険の創業者である出口治明さんに、こう言われたのです。

「2代目だからってコンプレックスのせいで会社の広告塔になるという社長の一番重要な仕事をしないなら、今すぐ辞めたほうがいい」

このひと言で、何かが吹っ切れました。

2代目だとか、会社の歴史だとかにこだわらず、ここの会社と言えばこの経営者だという会社の顔になれるくらい結果を出せばいいのです。

会社の売上が伸びているということは、自分自身も経営者として成長しているということです。だったら、親から受け継いだ会社だからといって引け目なんか感じずに、とことんやればいいんです。

だから、もし家業を継ぐか迷っている人がいたら、私はこうアドバイスをします。

「なんで悩んでるの？　やったらええやん。後継ぎだからって、恥ずかしがることはない。結果さえ出したら誰も文句は言わへん。できるかどうか不安かもしれへんけど、やってみて、自分には無理だと思ったら辞めればええ」

●●●後継ぎとして成果を出せないなら創業してもほぼ無理

社長になるにしても、家業を継ぐのではなくて自分で起業したい。そう思っている人もいるでしょう。私も以前はそう思っていました。

どうしても自分で会社を作りたいのなら、そうすればいいと思います。会社登記をすれば、いつでも創業社長になれます。

でも、すでにある会社を大きくできない人が、自分が一から作った会社を大きくするのは、ほぼ無理です。後継ぎとして1を100にできない人が、ゼロを1にすることはできません。

だから、まずはやってみて、結果を出した後に、それでも創業者になりたいという思いがあるんだったら、自分で会社を作ればいいのではないでしょうか。まずは与えられた箱で結果を出す。それが大事です。

だけど、後継ぎとして成果が出てきたら「あれ？　なんで創業者にこだわっていたのかな」と、きっと思うはずです。

会社が成長することによって、ちょっとずつ社会を変えていけるなかで、どうして自分は、創業者として崇《あが》め奉られたいと思っていたのかなと、恥ずかしくなります。

少しずつでも結果を出して、まわりに認められて、お客様に喜んでいただけるようになると、創業者にこだわっていた自分が、くだらなかったと思える日が絶対来ると思います。

また、私のような性格の人間は、創業者ではなくて、むしろ2代目で正解だったかもしれません。もし創業者だったら「俺が作った会社で俺がここまで成長させてるんや。誰が文句言うんや！」という、暴君になっていたかもしれません。

でも、私は2代目なので、業績が伸びているとしても「いやいや、これは父親が苦労して、ここまでしてくれた会社やから、彼の遺産を食いつぶしてはいけない」と、気持ちを引き締めることができます。後継者として、引け目を感じる必要はありませんが、自《おの》ずと謙虚でいられるというのは後継ぎのいいところかもしれません。

また、世の中のイメージからすると、「起業家＝カッコいい」「2代目＝アホのぼんぼん」というものがあります。

でも、そうやって、バックボーンでくる必要はないと思います。

ある起業家の方、しかも上場企業の社長に、こんなことを言われたことがあります。

「山根さんは、お母さんが死ぬのを待っていれば資産は倍になるんだから、そんなに頑張る必要ないじゃん」と。

ご本人の名誉のために名前は伏せますが、本来、起業家というのはイノベーションを起こして社会に貢献する人のことを言うはずです。社会貢献すべく事業を自ら起こした人のはずです。それなのに「えっ、そんなことを言うんや」と、非常に驚きました。驚きのあまり腹も立ちませんでした。本人も、あまり悪気はなさそうだったので、逆に怖かったです。

だから、起業家といってもそういう人もいるし、2代目、3代目でもすごく頑張っている人もいる。世間が作ったくくりに惑わされず、自分が信じた道を進めばいいのです。

●●●社長になるのに「満を持して」のタイミングなんてない

ゆくゆくは2代目を継ぐことが決まったとき、私がまず考えたのは「準備すること」でした。もう一回駐在をして海外で生活したり、転職してマネジメント経験を積んだりして、社長に必要なスキルを身に付けようと思ったのです。

でも、今振り返ると、別にそんな必要はなかったと思います。結局、社長とそれ以下のレイヤーの仕事は全然違う。

親になってみないと、わからないことがあるように、社長の仕事は、社長になってみないとわからない部分がとても多いです。「まだ早い」と自分で思ったり、まわりに言われたりするかもしれませんが、ナンバーワンの仕事は、ナンバーツー以下と圧倒的に違います。これは、経験しない限り学べません。

だから、ある程度社会人としてリテラシーという部分が備わっていて、会計がわかるようになったら、早く継いでしまうほうがいいのではないでしょうか。

私自身、あの後、仮に課長や部長を10年間経験して、満を持して社長に就任したとしても、ほとんど意味をなさなかったと思います。

それよりも、わからないながらも社長になって、コツコツ自分で試行錯誤をしながら10年を過ごすほうが、はるかに成長している自信があります。

早く継いでしまうほうがいい理由が、もう一つあります。

それは、若ければ若いほど、「駆け出し社長」でいられるということです。

私は30歳のときに社長に就任したので、おそらく上場企業の社長の中で一番駆け出しだという自覚がありました。だから、教えてくださいと素直に言えました。「ちょっと僕、他の業界から来ていて、よくわからんので教えてください」「経験不足なので教えてください」と。

議論をするのではなくて、こうやって教えを請うと、しゃあないなぁみたいな感じで、聞きたいことに答えてもらえることがよくありました。これは、非常に恵まれたことだと思います。

●●●親の会社で修業する必要はない

一般的には、事業承継をするためには並走期間が必要だと言われています。しかし、本当にそうでしょうか。

私が知る限り、うまくいっているケースと、うまくいっていないケースを大きく分けている要因は、並走期間の有無です。

ユニクロの柳井さんしかり、星野リゾートの星野さんしかり、並走期間がない、つまり完全に代替わりをしているケースのほうが圧倒的に成功しているような気がします。

私の場合も、うまくいっているかは別にして、父がもう他界しているため、意見を聞く機会はありません。聞くことができないと同時に、聞く必要もありません。

創業者である父親がトップとして社に残っていると、目の上のたんこぶというわけではありませんが、どうしても新しい方針を打ち出しにくくなります。また、並走期間が長ければ長いほど、父親と自分のキャリアが重なるため、父親のミニチュア版になってしまう恐れがあります。

社員からしても、父親と息子のダブルヘッダーでは、やりづらいでしょう。いくら息子が社長に就任したからといって、父親が会長として居残っていたら「社長の許可はもらったけど、一応、会長の耳にも入れておこう」と、両方の顔色をうかがう羽目になります。これでは、会社はうまく回りません。

だから、もし創業者側が、子どもに継いでもらうことを決めたなら、株だけではなくて権限をすべて明け渡すべきだと思います。「全部渡して、自分は関係ないと言って、いっさい口を出さない」これが、私の中での事業承継の定義です。

また、継ぐ側の立場の人間も、はっきり意思表示をするべきです。「親父のスピード感じゃダメだ」とか、「そのITリテラシーのなさじゃダメだ」とか、自分の意見をしっかり伝えて、「あとは全部自分が責任をとるから、隠居してくれ」と言うのです。なかには「それぐらい言ってくれないと任せられない」と、子どもからの言葉を待っている親もいるのではないでしょうか。

●●●親の会社にしか就職できない人間に家業を継ぐ資格はない

親の会社で修業をしないということに不安を覚える人もいるかもしれません。でも、家業をしている家に生まれた人は、生活を共にしてきたなかで、必ず基本的な考えを受け継いでいます。だから、その軸さえあれば、キャリアや得意分野が違っていても、きっとなんとかなります。

私は関西大学で事業承継のゼミを受け持っているのですが、未来の後継者である学生たちに、必ず言うことがあります。

「親の会社にしか就職できない人間に家業を継ぐ資格はない」

理由は3つあります。

1つ目は、先ほども言ったように、親のミニチュア版になってしまうということ。

2つ目は、社員に舐《な》められるということ。「他に就職できなかったのかな」と思われかねません。また、1社目は、社会人としての基本を身に付ける場です。その場にいるすべての方が先輩です。自分以外の社員が先輩、自分が後輩という関係性が築かれると、あとあと、トップとして行動しにくくなります。その点、親の会社よりもいい会社に行けば、自分に箔がつくので、戻ってきたときに社員に素直に耳を傾けてくれます。

3つ目は、世間的によいと言われている会社の構造を学ぶということ。よい会社と言われるからには、それなりに理由があります。それをしっかり勉強できれば、将来、自分の会社に反映できます。

もし「そんなことを言われても、もう親の会社に入ってるよ」という方がいたら、思い切って出ましょう！　知り合いにも、ひとまず親の会社に入ったけれども、転職した人が何人もいます。「今さら転職かぁ」と思うかもしれませんが、まだ間に合います。そしてこれは、必要なことです。

それどころではない、先代の急逝等により経営をやっており、転職なんてできないという場合は、ぜひ働きながら、一般社団法人「ベンチャー型事業承継」のイベント等を活用してもらえればと思います。「ベンチャー型事業承継」は、中小企業の若手後継者の支援を目的として2018年6月に設立された団体で、私も顧問をさせていただいています。

●●●大企業で働いた経験は大きな糧になる

私が伊藤忠商事に入社して、大阪の本町に勤務することが決まったとき、父からある申し出がありました。

「大手の会社って、どんなことをやっているのか気になるから話を聞かせてくれ。話を聞かせてくれるんやったら、会社まで車で送ったる」

それから2年間、毎朝父が車で送ってくれました。片道1時間くらい、いろいろな話をしました。どういう研修をしているかという話をしたり、上司の話をしたり。

寝たら怒られます。約束が違うと。今、どんな仕事をしているか話をする約束で送っているんだ。俺はタクシーの運転手じゃないと。

いろいろと話をするなかで、父は言っていました。

「多分、うちの会社では絶対学ばれへんことを、お前はもう持っとる」

たしかに、伊藤忠商事という大企業で経験させていただいたことは、大きな糧になっています。伝票処理や予算と実績の管理などの基本的業務を習得できたのはもちろん、社員の研修制度や人事制度、福利厚生など、組織としての在り方も学びました。

そんな私が、大企業から中小企業のサンワカンパニーに入って思ったこと。それは「今のままでは、決して上のステージには行けない」ということです。

父はカリスマ性があり、ある程度何でもできました。その点では、私より優れていたと思います。しかし、何でもできて、何でも自分でしてしまうため、現場にノウハウが引き継がれていませんでした。誰かが急に倒れたり、辞めたりしても業務が回っていくような属人性が排除されたワークフローやワークのルーティンも構築されていませんでした。要は個人商店の域を出ていなかったのです。

当時、非上場の中小企業という、そのステージだからなんとか回っていましたが、上を目指すなら、とうてい成り立ちません。また、コンプライアンスの考え方やリスクに対する考え方にも甘いところがありました。私がもし新卒でサンワカンパニーに入っていたら、それが普通だと思ってしまうので、問題点に気付けなかったでしょう。

私がそう思えたのは、最初に大きい会社に入って、大きなお金や組織を動かしたり、リスク管理を学んだりしたからです。

また、大手だからこその悪いところも学びました。大手の悪いところは、スピードが遅いこと。何をするにもハンコがたくさん押されないといけないし、政治も派閥もあります。だから、それは取っ払おうと決めました。

「元伊藤忠社員」という大手の看板は、今も活きています。「以前は、どこにお勤めだったんですか？」という話になり「伊藤忠です」と言うと、「お〜！」と、相手はなります。人間とは、やっぱりそういうものですし、私は伊藤忠から今の会社に来たからには、ゆくゆくは伊藤忠ぐらいの会社にしたいと思っています。その意味で、目標となる形が具体的に見えているのは、ありがたいことだと思います。

伊藤忠時代、上海駐在中に得たものも大きかったです。

上海では、日本にある自分の所属部署のオーダーの生産管理をしていました。工場へ行って納期を交渉したり、価格を決めたりするほか、中国国内で販売する内販事業も担当していました。私はアシスタントで、中国人の女性がヘッドのスタッフです。この経験は、とても貴重でした。

「なんで、部下のあなたのほうが私の10倍、給料をもらっているの!?」と、ことあるごとに言われ、「なんでと言われても……。日本の大学を出て、日本で就職したからですかね」というような返事をすると「その発言はむかつく！」と、はっきり言われました。

最後まで、そのわだかまりは消えませんでしたが、やっぱり、国が違うと、バックグラウンドや価値観は、相容《あいい》れないものがあることを知りました。

イタリアのフィレンツェ大学に通っていたときは、利害関係がなかったので特に感じませんでしたが、駐在となると違います。その中国人のさらに上の、日本人駐在員とも合わなかったこともあって、人間関係の苦労を学びました。

仕事が楽しい、楽しくないという大部分は、人間関係が占めていることもよくわかったので、社長となった今は、社員がコミュニケーションを取りやすい環境作りに努めています。

異業種から入ったからこそできた改革

私のまわりを見ると、異業種を経験していたからこそ、承継後に成功しているケースが多いように思います。

私自身も、アパレルでの経験が役立っていると感じています。

そもそも私は、子どものころからデザインというものに興味がありました。父もデザインが好きだったので、「これはダサいから嫌だ」「このデザインは、ここの収まりがイマイチだ」など、父のデザインに対する考えを日常的に聞いていました。

たまに、建築現場へ父に連れて行かれることもありました。

そこでは、建築家の方が、どこにどのようなこだわりがあるかを説明してくれます。その場では、なるほどなぁと思うのですが、街を見渡してみると、全然違うわけです。スーパーにしろ、商店にしろ、建築家の方が説明してくれた、凝ったデザインがほとんど見当たりません。なんでこんなに違うのかなと、よくよく考えて「日本はデザインというものがすごく遅れているのではないか」と思うようになりました。だから私は、フィレンツェ大学でデザインに関する勉強をして、伊藤忠でアパレルに携わるようになったのです。


私がサンワカンパニーに入ると、次のようなことが当たり前に行われていました。

「おい、お前どこの建材屋だ。すぐに現場に持ってこい！」

サンワカンパニーのように、キッチンや洗面ボウル、扉などの建材・住設機器を取り扱っている会社は「建材屋」と呼ばれて、建築業界におけるヒエラルキーの最下層に位置付けられるのが常でした。トップは大手ゼネコンやハウスメーカー、そして地方の工務店、建築家などが入り、一番下が「建材屋」です。

私が驚いたのは、誰もがそれを当たり前だと思っていたことです。自分たちが最下層にいることに何の違和感も持たずに受け入れています。このままでは、人を採用しようとしても、優秀な人材はすべて、ヒエラルキーの上層に奪われてしまうでしょう。

そこで私は、それをひっくり返すために「サンワカンパニーで家を作りたい」と思ってもらえるような流れを作ることに決めました。

一般的には、家を建てたい、マンションを購入したいと思った場合、住宅建築では、建築物としての基本的な規格が決まっているため、建材や住設機器を自由に選ぶことができません。選択できるとしても「床材はA・B・Cのどれか」「システムキッチンは、A社・B社・C社のどれか」というように、若干の余地があるに過ぎません。建築業者の仕入れ先との関係性によって、さまざまな制約も生まれます。

私は、その流れを変えたいのです。

住宅の購入者が、建材や住設機器を自由に選び、それを使って家を建てる。つまり、インテリアありきの住宅作りがかなう社会を作りたいのです。これが実現すれば、「建材屋」はヒエラルキーの最上層に位置付けられるようになるでしょう。

そのために大切なのが、ブランディングです。

2016年、青山の一等地に約450坪のショールームを作りました。建材メーカーが青山にショールームを出す。これはなかなかセンセーショナルなことです。

さらに、盛大なオープニングパーティを開くことにしました。

業界関係者だけを呼ぶのが当たり前のところを、業界の著名人はもちろん、芸能人にまで声をかけて行いました。普通なら、黒いスーツであふれて、胡蝶蘭が飾られているような形式ばった催しが、有名人が2000人も集う華やかなパーティになったのです。

また、ショールームのスタッフの装いにも気を配りました。

一般的に、ショールームのスタッフの制服というと、ダサいベストを着て、スカーフを巻いてというものが多いのですが、うちは全員、黒いジャケットを着用しています。ブランドショップの店員のようにというスタンスです。

このように、「どう見られるか」「自分たちをどう尖《とが》って見せるか」ということに敏感でいられるのは、アパレルでの経験があったからだと思います。

●●●カジュアル全盛時代にあえてスーツを着続ける理由

子どものころからデザインが好きで、アパレル出身というと、やけにオシャレに敏感な人間だと思われるかもしれません。「派手なスーツを着て、イタリア製の尖った靴を履いているのかな？」という具合に。

私は、品質にはこだわりますが、着ているスーツは無地が多いし、ブランド物が大好きというわけでもありません。唯一、腕時計はブランド物ですが、これは父の形見です。

最近の経営者は、あまりスーツを着ない傾向にあるようです。

起業家の中では、スティーブ・ジョブズに憧れて、デニムにTシャツという人も見受けられます。どう装うかは個人の自由ですが、大切なのは、そこにポリシーがあるかどうかではないでしょうか。

知り合いの社長が「うちはライフスタイルを売る会社だから、個人の趣味嗜好や服の趣味を尊重しています。だから全員私服なんです」と言っていました。これは、ポリシーがあるからすごくいいと思います。「ジョブズの真似です」というのは、ちょっと違う気がします。

私は必ずスーツを着用します。なぜなら「見た目で損をする必要はない」というのと「あえて人と違う選択をして尖っているように見せる」というのが、私のポリシーだからです。

スーツは男の七難を隠すと言われていて、ボディラインの欠点をカバーしてくれます。だとしたら、だらしない格好ではなく、スーツを着用するほうが相手に好印象を与えることができます。


「見た目で損をする必要はない」というポリシーは、父の教えから得たものです。

高校生のときに、私は、なんとなくピアスの穴を開けました。

すると、

「お前、それ何で開けたんや」

「いや、ちょっとオシャレしたいなと思って」

「お前、それやるんやったら、就職活動の面接のときもつけていけよ」

「え?」

「それがお前の個性やというんやったら、つけていけよ。つけていくんか?」

「いや、つけへんな」

「じゃあ、外せ」


こうして、私はすぐにピアスを外すことになりました。

行動に筋が通っているか、そこにポリシーはあるかどうかを問われていたように思います。

実際、私が商社マンになってから、髭を生やしていたときは、最初は「剃《そ》れ」と反対していましたが、理由を説明したら認めてくれました。

父は、キッチンや洗面など、清潔感が売りの商品を扱っていたので、髭なんかを生やして初対面でマイナスになる要素を自分から作り出す意味がわからないと言いました。でも、自分はアパレルの商社マンなんだから、髭を生やしたりしてちょっとオシャレに見せておかないと、お客様にこの人はファッションに興味がないと思われる。清潔感のあるものを売っているのと、ファッションを売っているのと、ビジネスの違いなんだと説明したら、「ポリシーがあるならええけど」と認めてくれました。

●●●オーナー社長に必要なのはMBAより決断力

「MBAはどこで取られたんですか」と、よく聞かれます。

でも、私はMBAを持っていません。

「持ってないですよ」と答えると「えっ、どこで勉強されたんですか？　どうやって会社を運営しているんですか？」と、さらに聞かれます。しかし、社長の仕事というのは教科書のようにはいきません。決して、式と答えがあるわけではないのです。

ビジネスの現場は、予想外の出来事だらけです。毎日、副社長が社長室に「コンコン」とやってきて、ちょっと相談があるんですけど、こんなことが起こりましたと報告され、「えっ、ウソやん！」と、一日に4〜5回は言っています。

事業計画や人事制度を策定するにしても、まったく同じ条件のマニュアルは存在しません。だから、自分で試行錯誤していくしかないのです。

特に人材採用育成や給与体制は、答えがないです。自分の前の会社はこうだったけど、今の社員構成や年齢構成からすると、こういう評価体制がいいんじゃないかというのは、試行錯誤に終わりがありません。

組織変更もしょっちゅうです。でも、ガチッと決め込んでしまうと、例外を作ったり、手順を踏み直したりする必要が出てくるので、むしろ変化に柔軟であるほうがいいように思います。

やっぱり、社長の仕事は、なかなか思い通りに進まないというか、進まないことしかありません。人脈を広げるためにMBAを取りに行くのはいいと思いますが、MBAは免罪符にはなりません。「MBAさえ持っていれば大丈夫」と思っていたら痛い目に遭うかもしれないし、「ＭＢＡを持っているから自分は賢いんだ」と思って謙虚になれないぐらいなら、取らないほうがいいと思います。

ＭＢＡがなくても、なんとかなります。実際、先日、同じ大学出身の上場企業の経営者の集まりに行ってきましたが、オーナー系でＭＢＡを持っている人はゼロでした。


社長にとって、ＭＢＡよりも大切なもの。

それは、決断力です。

社長の仕事は、決断の連続です。決断をして、会社の方針を決める。それを避けて通ることはできませんし、それこそが社長の仕事です。

もちろん私も、「あのときの判断は、本当にあれでよかったのかな」と自問自答することはあります。

だけど、そう決めてしまった以上はいくら考えても仕方ありません。「決断した以上は、やるしかない」と気持ちを切り替えて、全力で取り組むしかないのです。もし、怖くて決断できないというのなら、社長になるのは、やめたほうがいいと思います。

決断力を高めるためには、いろいろな場面でシミュレーションすることをおすすめします。

もし、親の会社を継ぐことが決まっていて、今は違う会社に勤めているなら、上層部の意思決定に対して自分だったらどうするかをシミュレーションするのです。

私も、伊藤忠時代の最後の2年間は、もし自分が社長だったらどうするかを考えながら、会社の方針や財務諸表などを見ていました。

すると、いろいろと疑問が出てきます。「なんでこういうふうな判断をしたんかな」「普通に考えたらこっちなんやけど、なんか理由があるんかな」と。そして、「だったら聞いてみよう」となって、主体的に仕事ができるようになりました。

サラリーマンをやりながらも、その会社を自分が経営しているつもりになって日々の業務を見る。これは、非常に役に立ちます。

●●●帳簿を読めない社長はアウト

社長に求められる唯一の資質は決断力ですが、スキルという面でいうと、帳簿を読めないのはアウトだと思います。

たとえば、非上場の企業の場合、赤字といっても社長の給料が高いだけで、それさえ正せば黒字に戻ったり、無理やり自宅を経費に入れて赤字にして税金を圧縮したりしているケースがあります。だから、経営状態を本質的に見抜くためには、帳簿を正しく読む必要があります。

私は幸いにも1社目が総合商社だったので、1年目から課の帳簿をすべてつけさせてもらっていました。それが今、実は一番役立っていることかもしれません。社長になるまでは、正直あまり会計の重要さを認識していませんでしたが、まったくわからないまま就任していたら、危なかったと思います。

監査や税務申告に関しては、自分よりも優れた人を雇えばいいと思います。でも、会社の成績表と言われている帳簿を読めないとなると、社長としてはアウトです。

目安としては、簿記の3級くらい。あとは、財務三表と言われている、損益計算書、貸借対照表、キャッシュフロー計算書も把握できたほうがいいです。

もしかすると、社長になってから一番敏感になったのは、キャッシュフローかもしれません。

たとえば、100万円のシステムを100万円払って買うとします。出ていくお金は100万円ですが、その年に費用として計上できるのは20万円だけです。会計上、システムは5

年償却と決まっているので、100万円の場合は5年で割って、20万円ずつしか経費として落とせません。

だから、その年に100万円の利益があったら、経費の20万円を差し引いた80万円が利益になります。そして、80万円に税金がかかります。ところがそれを知らずに、100万円の支出があって、100万円の利益があるから、相殺して今期の利益はゼロ、かかる税金もゼロだと思っていると、12月になって「お金がないから税金を払えない」ということになってしまいます。

大手の会社と違って、資金繰りは特に敏感に見ないといけない部分なので、自分でちゃんとわかるようにしておかないと怖いです。

自分でこれができずに、管理系に丸投げし続けた結果、「なんで資金がショートしてるんだ!」と、わめき散らすのは簡単です。でも、そこをちゃんと見るのも社長の仕事ですし、最終的に責任を負うのも社長です。

銀行というところは、本当にシビアです。父も、私を連帯保証人にするために連れて行った銀行で「うちは熱意じゃなくて、数字にお金を貸しています」とか、「いやぁ、社長、話は面白いんですけど、利益を出してもらわんと」などと露骨に言われていました。まぁ、父は一歩も引かず、むしろケンカしてしまう勢いでしたが。

とにかく、資金繰りというのは社員からはまったくわからない部分なので、社長になったときは、敏感に見ていくことが大切です。

●●●他業種で経験を積むならIT業界がおすすめ

もし、何かしら他業種で経験を積んだ後、会社を継ごうと思っている場合、おすすめはIT業界です。今後、ITがなくなることはありませんし、必要性は高まるいっぽうです。

特に古い商慣習の業界であればあるほど、ITを駆使してイノベーションを起こしやすいと考えています。

私がとてもお世話になっている方で、大阪の金物卸売業を継いで、事業を拡大している株式会社大都の山田岳人《たかひと》社長がいます。その方の事業承継は少しユニークで、奥様と結婚することになったとき、相手のご両親に「娘さんをください」と言うと「一つだけ条件がある。会社も頼む」と言われたそうです。

彼は迷ったものの、引き継ぐことを決意。しかし、社員は、彼が社長になることに反発をして全員辞めてしまったそうです。社員ゼロからの再スタートです。

それでも彼は諦めず、インターネットのノウハウを活かして、すべてインターネット販売に切り替えました。既得権益者からの嫌がらせに遭い、ある朝、玄関口に工具が大量に捨てられていたそうです。しかし、事業は徐々に軌道に乗り、今は急成長中です。

インターネットは、どんなビジネスであれ、仕組みを変える可能性を秘めています。ＩＴの知識があれば、ビジネスチャンスが広がります。

●●● 業界では随一、社長自らインスタでＰＲ

当社も、インスタグラムを活用して広報活動を行っています。

商品単体を紹介するのではなく、実際に、サンワカンパニーの商品で家を建てた方に掲載の許諾をいただき、実例をアップしています。

「施工事例紹介」「建築家の名前」「採用された商品」を入れて、ハッシュタグに、サンワカンパニーの他、マイホーム計画、注文住宅、リノベーションなど、検索に引っかかりそうな言葉を入れています。掲載する写真の世界観も合わせて、１年くらい前から地道に、つい最近まで私自ら投稿をアップしていました。

インスタは女性のユーザーが多いので「タイルの一部をモザイクにして、家族の足形を残した」というような、かわいらしい写真には特に「いいね！」がつきやすいです。

また、インスタは、マーケティングとしても非常に有効です。

フォロワーの男女比率や登録住所などが簡単にわかるので、CMを打つときに「うちのフォロワーは、30代、40代の女性で、大阪と神戸に住んでいる人が多いから、その人たちに響くタレントさんを用意してください」と代理店に言うことができます。当社は、実際にその方法でモデルの滝沢眞規子さんにご出演いただきました。

最初は、フォロワー数は70人くらいでしたが、今は2万5000人ほどまで増えました。

2万5000人というと大したことないと思われるかもしれませんが、一生に一度しか購入しないかもしれない商品としてはけっこう多く、建築設備業界では一番だと思います。

実際、建築業界でインスタをしている会社は、ほとんどありません。

同業他社の社長さんから「山根さんのところは、会社の規模の割に知名度が高いですけど、何をやってはるんですか」と、よく聞かれます。

インスタをしていますと答えると「いわゆるSNSというやつですか」と返ってきます。

質問してくる中小企業の社長は60、70代の方が多いので、いまいちピンとこないようです。「はい、そうです。私が自分でSNSを運用しているんです」と説明すると「え、広報がやるんじゃないんですか」と驚かれます。

たしかに、広報活動の一環なので、広報に任せてもよかったのですが、サンワカンパニーのターゲットは、住宅の一次取得層、すなわちこれから家を建てようとしている25～44歳です。その人たちが、インスタグラムを最も見る時間帯は、子どもを寝かしつけた後である22時過ぎ。となると、22時過ぎにアップするのが一番効率的です。

広報担当者に頼むと残業になってしまいますし、何よりも、自分の会社が、世の中からどのように見えるか。それを作り上げていくのは社長の大切な仕事です。

ここまで説明しても「え、そんなこと、広報に任せたらいいのに」というような反応がほとんどで、よくても「じゃあ、社内で検討してみます」と言われることが多いです。でも、私からすると、検討なんかしてないで、今すぐインスタのアプリをダウンロードすればええのになぁと思います。やろうと思えばジムでバイクを漕ぎながらでも、出張の移動中にでもすぐできます。

今年は、ついにインスタにショッピング機能が追加されました。SNS映えするデザインに特化している当社にとっては、ＥＣへの流入経路が増えるので、さらに飛躍するチャンスです。ＳＮＳを活用できるか否かは、組織の命運を握っていると言っても過言ではないでしょう。

第4章

アトツギ社長の心構え

●●●寝ても覚めても会社のことを考えていられるか?

私は、寝ても覚めても会社のことばかり考えています。会社をよくするためにはどうすればいいか。どうやったら、社会により大きなインパクトを与えられるか。そればかり考えています。頭を悩ますというのではなく、常にワクワクしています。要するに、仕事が大好きなんです。

社長に就任してから2年間くらいは、「24時間働けますか」の状態でした。最初のうちは、自分でやってみないとわからない部分が大きいので、何でもやりました。それに加えて「甲子園に行く気がない人間は、今すぐこの船を下りてくれ」と言って4割の社員が下りてしまったため、単純に人手不足ということもありました。

しかし、今は、ずっと働き詰めというわけではありません。

がむしゃらに働いていた時期があったからこそ言えることですが、「社長が趣味をする時間すら持てないのは、逆に何かがおかしい」と思っています。

朝から晩までアポが詰まっていて、アポが終わったらその後資料を作成する。そんなステージがずっと続いているとしたら、前提条件がどこかで間違っている可能性が高いです。つまり、人材育成ができていないから、いつまでたっても自分がやらざるをえなくなっている。あるいは、そもそも他社と差別化できるようなプロダクトやビジネスモデルがないから、一軒一軒しらみつぶしに回るようなドブ板営業を自分がする羽目になっている。そのどちらかではないでしょうか。

寝ても覚めても会社のことを思う情熱も必要だし、それと同時に、趣味の時間くらい確保できるビジネスモデルを作ることも大切だと思います。

もし、今はサラリーマンをしていて「25日に給料が入ってくるのはラクだな」とか、「社長？　毎日社長室で日経新聞を読んでるだけで、今の給料の何倍ももらえるなんてラッキー」というように思っているとしたら、社長になるのは絶対にやめたほうがいいです。誰もハッピーになりません。

●●●「会社に行きたくない」と思ったことはない

私はもともと、ビジネスが大好きです。

サラリーマンをしていたころも、メンバーや環境に非常に恵まれていて仕事が楽しかったし、もっと仕事にのめりこみたいと思っていました。

しかしそれでも「次の3連休はいつかな」と思っていましたし、「よし、今日はこんなことをしよう！」というような、あふれ出る感情はありませんでした。

どんなにやりたいことがあっても、会社のシステム上できないこともありましたし、アイディアを出しても、前例がないということで却下になり、意欲が頭打ちになっていた面もあります。

でも、今は違います。

2018年の1月。当社は4日が仕事始めだったのですが、4日の未明3時半くらいに、今日から仕事だと思ったらテンションが上がって目が覚めました。遠足の前日の小学生のようです。これはとても幸せなことだと思います。

社長に就任してからはもちろん、2014年4月1日に入社して以来、会社に行きたくないと思ったことは一度もありません。しんどいと思った日もないし、明日を思うと憂鬱《ゆううつ》で眠れなかった日も一度もないです。

なぜなら、少しずつではありますが、世の中に認められてきているという実感があるからです。業界の異端児と言われるようになって、社会の目が変わってきました。そして、売上も伸びてきました。売上というのは、単なる数字ではなくて、お客様や社会から認められた数値だと思っています。

自分たちの組織をよくすることで、将来的に、よりよい社会を作る一翼を担いたい。これが私の仕事であり、ライフワークです。

社長が変人でいられるために信頼できるナンバーツーを持つ

つくづく思います。誰しも一日は24時間しかないし、体は一つです。東大やハーバードを出た、どんなに優秀な人だって、一人でできることはそれほど多くはありません。だとしたら、同じ方向を見て進んでくれる仲間をいかに増やすか。それが大切だと思います。だから、社長になったらまずは、信頼できるナンバーツーを持つことが非常に重要です。

その思いを強固にする、ある動画を見ました。

社会運動家のデレク・シヴァーズさんが行っていたＴＥＤトークです。テーマは「社会運動はどうやって起こすか」。

ある実験動画を見ながらトークは進みます。どういう動画かというと、まず、一人のおじさんが上半身裸になって、原っぱで踊り始めます。まわりは、変人を見るようにして、遠巻きに眺めています。しかし、しばらくすると、おじさんに続いて踊り出す人間が現れました。ナンバーツーの登場です。すると、まわりの人も少しずつ真似をし始め、ついには大勢の人が原っぱで踊り出しました。一つのムーブメントが誕生したのです。

最初に踊り始めたおじさんは、一人の間は、ただの変人でした。しかし、ナンバーツーが加わり、追従の仕方を周囲に示したことで、最初のおじさんはリーダーになることができたのです。

つまり、ナンバーワンを変人にするか、リーダーにするかは、ナンバーツー次第であり、ムーブメントを起こすためには、ナンバーツーの力が絶対に必要だということです。

２０１６年10月、後に副社長となる津崎宏一氏を引き抜きました。上海駐在中に知り合った管理系のスペシャリストを、ヘッドハンティングすることに成功したのです。

彼と社長室で向かい合い、私はこう言いました。

「これから僕は双眼鏡しか見ない。津崎さんは顕微鏡を見てください」

社長の仕事は、30年後、40年後を見ることです。「この方向に進んで、こうするんだ」ということを社員に伝えていかなくてはいけません。もし、社長が経費の細かいところなどの、顕微鏡を見る役割も担っていたら、もっと大きな、未来や世界が見えてきません。社長は、大風呂敷を広げる変人でいればいいのです。

でも、その風呂敷を畳む人が必ず必要になります。変人の言葉を、現場がわかるように翻訳して、きっちり遂行できるように道筋を作る係。それがナンバーツーの役割です。そういう意味では「やると言ったらやるんだ！」と好きなことを言っているナンバーワンより、ナンバーツーのほうがはるかに大変かもしれません。

今、私の右腕である彼は、「私は世界一のナンバーツーを目指します」と言って尽力してくれています。

「世界一のナンバーツー」というのは不思議な表現ですが、私はそんな彼をとても信頼しています。

●●● 給料ではなく夢を語って仲間を集める

経営者同士が集まったとき、悩みの種として挙がるのは「人」です。それは多分、日本を代表する大企業でも、非上場の会社でも、家族3人で営んでいるところだとしても、くくりで言うと、一番の悩みは「人」になるのではないでしょうか。ステージによって、投資部門の人が足りないとか、経理をしてくれる人がいないとか、職種は違えど、人材というのは常に悩みの種です。

しかし逆に、それをどうやって埋めていくかというのが面白い部分でもあります。

私は最近、口説き落とすということにハマっています。ハマるというのは語弊があるかもしれませんが、とうてい来てもらえないような人に、自分が夢を語ることで来てもらう。これは、社長として本当に面白い仕事の一つです。

ライフネット生命保険の創業者である出口治明さんのときも、そうでした。

ライフネットとサンワカンパニーは、「生命保険」と「住宅設備・建築」という異なる業界ではありますが、出口さんは、保険業界において生命保険のインターネット販売を行うという革命を起こした方です。その方に、同じように住宅設備・建築業界でインターネット販売にいち早く着手したサンワカンパニーの未来を語ることで、２０１７年、社外取締役に就任していただくことができました。

出口さんの知見やアドバイスによって、マネジメント体制が強化されたのはもちろん、出口さんからの数々の助言によって、私自身、２代目社長の殻を破り、会社のトップを務める覚悟を持つことができました。

社長が自ら、同業他社であろうが、競合であろうが、もしくはただの知り合いであっても「この人に来てほしい」と思ってヘッドハンティングをすると、組織としては一番フィットすると思います。単純に「給料を１・５倍払うので来てください」では、さらに１・５倍もらえるところから声がかかったら、出ていかれてしまうでしょう。

イージーカム、イージーゴーにならないためには、無理だと言われても、それでも諦めずに、会社の夢を語る、社会に新しい価値観を創り出す楽しさを語る。そうやって納得してもらったうえで仲間を集めるというのは、楽しいし、大切な仕事です。

社長の仕事は、一人で何でもしなくてはいけない部分が大きいとはいえ、だからといって知ったかぶりをする必要はありません。知ったかぶりをして進んでいくと、最後は引くに引けなくなります。だから、知らないことは「すみません、教えてください」と素直に教えを請い、助けてくれるメンバーと共に進んでいけばいいと思います。

●●●自分より優秀な経営者のメンターを持つ

自分より優秀な経営者のメンターを持つことは、絶対に必要です。裸の王様になってはいけないからです。

「株主目線だと、こう見えるよ」

「同じ社長経験者としてこういうふうに聞こえるけど、それでいいの？」

「本当はどうしたいと思っているの？」

そんなふうに、今の自分の状態を第三者的にしっかりと正直に言ってくれる人を、絶対に持つべきです。教えを請うのではなく、コーチングしてもらうのです。

もちろん、自分の会社をどうしていきたいかというのは、本人が一番強く心に抱くべきことです。でも、まわりにイエスマンしかいないと、間違っていてもそれを指摘してくれませんし、視野が狭くなってしまうこともあります。

そういうときに「こういう見方もあるんじゃないの」とアドバイスやコーチングしてくれる人は、本当に大切です。

私には、ありがたいことにメンターが何名かいます。

出口さんもそうですが、その中の一人に、ドリームインキュベータ会長の堀紘一さんの息子であり、ヤフーベンチャーキャピタルの社長である堀新一郎さんがいらっしゃいます。堀さんのおかげで、私は貴重な出会いと気付きを手に入れることができました。

私が、2代目であることにまだ引け目を感じていたころに、「そんなに悩んでいるんだったら、紹介したい人がいる」と、ある方をご紹介いただきました。大昭和紙工産業株式会社の3代目社長・齊藤了介さんです。

齊藤さんは新卒で銀行に就職しましたが、その半年後にお父さんが亡くなりました。亡くなられる間際に「実は俺、会社をやっていて、社長なんだ。お前が会社を継いでくれ。ウンと言ってくれないと俺は死ねない」というようなことを言われ、「わかった」と引き受けたそうです。

知らない間に親が会社をやっていたというのは、それだけでかなり衝撃的ですが、その後、さらなる衝撃が齊藤さんを待ち受けていました。たった半年で銀行を辞め、22歳で社長に就任。しかし、いざ後を継いでみたら、会社はバリバリの債務超過だったそうです。だから、社長として最初にした仕事は、銀行に土下座してお金を貸してもらうことでした。

ものすごくしんどいスタートですが、齊藤さんが、あまりにも明るく話してくださるので、聞きながら笑ってしまいました。笑ってはダメなんですが、「ね？　これに比べたら、黒字の上場企業の社長なんて、まぁ、ラクなもんですよ」と言って、「チャンス以外の何ものでもないよ。何を悩んでいるの」と励ましてくださいました。おかげで、「そうか、これはチャンスなのか」と思えるようになりました。

出口さんもそうですし、本当に節目節目で、素晴らしい人と出会わせていただいていると感じます。

●●●気軽に相談できる友人にも助けられる

先ほど挙げたメンターの方々は、みな経営者ですが、経営者以外のメンターもいたほうがいいと思います。

たとえば、弁護士や税理士。会社として公に雇っている人ではなく、学生時代の友人など、もっとフラットに相談できる相手です。

というのは、会社の顧問弁護士と社長では、利害が必ずしも一致するとは限らないからです。

たとえば、その会社は赤字が続いていたとします。そんなとき、競合他社から吸収合併の話が持ち上がりました。吸収合併されれば、業績としては安定します。だから、顧問弁護士は受け入れることを勧めました。なぜなら、顧問弁護士の仕事は、会社を守ることだからです。

けれども「吸収合併すればいい」という弁護士の意見だけを聞いていると、正しい判断を下せない恐れがあります。社長として見ると、相手企業とは理念が異なるし、吸収合併することには反対だとしても、うまいように押し切られることだってあるかもしれません。要は、もっと客観的な立場で助言を受ける必要があるということです。

私自身、気軽に相談できる学生時代の友人が数名います。つい先日も「これって、こんなん言われてるけど、合ってんの?」と、弁護士の友人に電話で聞いたところ「いや、それは法律上そうなってるから、どうしようもないわ」と回答をもらい、そういうものかと納得しました。顧問料も払わずに、ふらっと電話しています。

こういうインフォーマルな専門家は、いないとダメというわけではありませんが、いると助けられることが多々あります。

●●●趣味を持つことで謙虚さを保つ

私の肩書は、「35歳・上場企業社長」です。でも、これはかりそめの姿に過ぎません。もし明日、私が社長ではなくなったとしたら、普通の35歳に戻ります。

だから、変に調子に乗らないために、常に謙虚でいることを肝に銘じています。「一歩会社を出たら、普通の人でいよう」と思っているのです。

とはいえ、常に言動に気を付ける必要もあるため、バランスを取るのが意外と難しいです。そこで私が、常に社長である自覚を保つと同時に、謙虚でいるために大切にしていること。それが、趣味を楽しむ時間です。

先週、西宮市民大会でテニスの試合をしてきました。うちの会社の副社長と、サントリーの社員の方、住友商事のグループ会社の社長さんも一緒に。みんな、上海駐在中のテニス仲間です。

テニスをしているときは、肩書なんて関係なく、ただボールを介してコミュニケーションを取っているだけなので、話もフラットです。今の年齢だと自分の立場というのはこういうものなんだというのを自覚することもできます。

社長という公の顔と、まだまだ若造である35歳の男の顔。そのバランスを取れるのが、趣味の場だと思います。

●●● 社員一人ひとりに公平に、自分の意思をどう伝えるか

社長に就任した当初と、4年経った今では、社員とのコミュニケーションの取り方や距離感に違いが出てきました。もちろん、会社の規模が大きくなってきているので当然と言えば当然ですが、あえて、一定の距離を保つようになった部分もあります。

就任当初は、社内の雰囲気が最悪だったため、社員同士はもちろん、私自身も積極的に社員に話しかけてコミュニケーションを図っていました。

一応、社長室もありましたが、フロアへ行って「今、何してるの？」と、話しかけていました。それはそれで風通しがよくなったので効果はあったと思います。

でも、今は、そういうことはしていません。なぜなら、声をかけるメンバーがどうしても偏ってしまうからです。

なるべく均等に、一人ひとりに声をかけるように心がけていましたが、時間的に難しいこともあります。偏りが生じると、声をかけてもらえない人のモチベーションが下がりますし、声を頻繁にかけてもらえる人への忖度《そんたく》が働くようになります。「あの人は社長のお気に入りだから、あの人の意見を通さないとダメだ」という具合です。

その代わり今は、ひと言ひと言が重くなったので、全社員総会の発言内容には、とても気を使うようになりました。そして、2018年7月からは、社長としてオフィシャルブログを始めました。社内外問わずステークホルダーの方に向けて、できる限り均等に私の意思を発信するためです。

●●●人脈が欲しいなら、まず自分と会社を磨き上げる

私は、会ってみたい、一緒にビジネスをしてみたいと思う人がいると、まずはフェイスブックで名前を検索します。すると、そこに共通の友達が必ず数名出てくるので、その中で一番仲がいい人に仲介をお願いします。「ちょっと、誰々さんを紹介してくれませんか」と言うんです。そうすれば、ほぼ100%紹介していただけます。

もちろん、最初から「共通の友達」がたくさんいたわけではありません。最初は、同じ大学の友人や、銀行に紹介してもらった社長さんくらいしかいませんでしたが、そこから始まる縁を大事にしていたら、どんどん広がっていきました。

そして「山根が会いたがっている」と伝えていただいた後は、直接アポイントを取ります。お互いの秘書を通してではなく、メッセンジャーでやりとりします。

以前は、上場企業の社長さんにフェイスブックでアポイントを取るなんて失礼なんじゃないかと思っていました。でも、実際はそのほうが早くていいと言われます。その場でスケジュールを確認できるので、手っ取り早いのです。フェイスブックは、なくなったら本当に仕事ができなくなるんじゃないかと思うくらい、ビジネスをするうえで欠かせないツールになりました。

最近は誰かにお会いする際、一対一ではなく、その人と同窓の友人や、同じ関西人で年齢が近い人を連れて行くようにしています。そうすると「4対4にしよう」となって、出会いの数が増えるし、場が盛り上がります。

私のところにも、フェイスブック経由でたくさんメッセージが届きます。今はまだクローズドにしていますが、そろそろオープンにして、連絡手段として本格的に機能させようかと思っているところです。そのための準備として、最近は子どもや旅行の写真など、プライベートな情報を整理しています。

ただし、人脈を手に入れるためには、大事な前提があります。それは、自分と自分の会社をピカピカに磨いておくということです。

人脈が欲しいなら、まずは自分と自分の会社を磨き上げること。いくらこちらが会いたいと願っても、相手もそう思ってくれない限り、会っていただくことはできません。

私が社長に就任した当初は「なんかよくわからないけど、お家騒動の末に社長になった人」と見られていたと思います。

けれども、少しずつ実績を重ねて、会社を磨いて、自分を発信していった結果、人脈の広がるスピードが加速度的に高まりました。そして、自分を磨いておくと、今度は向こうから人が来てくれるようにもなります。

２０１４年から、良品計画さんとコラボしたシステムキッチン「ＭＵＪＩ＋ＫＩＴＣＨＥＮ」を展開していますが、これもある日、良品計画さんがショールームに来て、共同開発を申し出てくださったものです。

だから、社長として大切なのは、自分と会社を磨いて、発信すること。そうすれば、人脈は恐ろしいほど簡単に手に入ります。ただ私はそれを人脈という打算的なものではなく、お互い刺激し合いながらムーブメントを起こしていく同志だと考えています。

輝いている人はみんな、未来の話をする

私が会いたいと思う人は、単純に商売のプラスになる人というだけではなく、ビジネスとは直接関わりがなくても、純粋に話を聞いてみたいと思う人が多いかもしれません。2代目や3代目で、私よりドラマチックな事業承継をしている人に、表に出ていない話を聞いたり、お互いの悩みを共有したりするのです。

そして何より「俺は、こういうことがしたい」というビジョンを聞けるのは、とても刺激になります。

輝いている人はみんな、過去のことではなくて未来の話をします。

何歳であっても「俺、次こういうことをやろうと思ってるんだけど、どう思う？」と、未来のビジョンを語ります。それを聞いて「いや、僕の経験とか、僕の知っている知識の範囲内なんですけど、ここ、こうやったらもっと面白いと思います」というような話ができると、とても楽しいです。

反対に「俺の若いころはなぁ……」から始まると、もう帰りたくなってしまいます。

正直、たまに、そういう会合もあります。

ＩＴ企業の社長のなかには、「あんな、おっさんばかりの会合、もう行かないですよ」というようなことを言う人もいます。たしかに、過去の話ばかりをして終わってしまう会合もありますが、だからといって「絶対に行かない」と決めてしまうのはもったいない面もあります。顔を売っておいて損はないし、面白い話が聞けることもあります。だから、すべてを切り捨てるのではなく、たまには参加してみればいいのではないでしょうか。

またスポーツをやっていたせいか、前職の社風のせいか、ものすごい酒豪のように思われることが多いのですが、何を隠そう私は下戸《げこ》です。ですがソフトドリンクでも必ず最後までお付き合いさせていただきます。お酒が飲めないから、会食や交流の場に参加しないというのも間違っていると思うのです。

資金が足りない、人手が足りない、でも一歩踏み出す

「苦労話や失敗談を語るのはカッコ悪い」という考え方もありますが、私は、失敗も含めて、2代目社長として試行錯誤している今を、包み隠さずお伝えしたいと思っています。だから、私が社長になってから失敗したと思うことをお話しします。

社長になって4年。経営の根幹を揺るがすような失敗はしていませんが、結果オーライに収まる失敗はたくさんしてきました。

筆頭は、4割の社員が一度に辞めたこと。

辞めたこと自体はいいのですが、後のことをあまり考えていなかったので、自分の負荷が非常に増えました。だから、今思えばもう少しソフトランディングはできたかなと思います。

あと、私が社長になってから一番笑ったのは、初めて海外のビジネスを取ってきたときのことです。

「よし、海外で売上が立つぞ!」とガッツポーズをしていたら、社員に言われたのです。

「うちには、外貨で売り上げるシステムがありません」と。「えっ、ないの？」と、びっくりすると同時に「そうか、こういうこともあるんだ」と大笑いしました。

他にも、人員がまだそろっていないなかで「ＩＴのアプリを作る！」と言って突っ走った結果、人もいないし担当者もいなくて、そのままそのアプリがどこかに眠っているとか、新しいアイディアがあっても資金がありませんとか、人手が足りませんとか、いろいろありました。

伊藤忠のサラリーマンだったころは資金や人手が足りないなどということはなかったわけですが、自分が社長になると、そういう制約が出てきます。

でも、一番の失敗である、４割の人間が辞めたということがあったおかげで、あらゆる業務を自分で経験することができましたし、すべてが学びとして吸収されています。

だから、私がお伝えしたいのは、たとえ失敗したとしても結果オーライになるように努力すればいいということ。後ろを向かず、前を見て、失敗を成功のもとに変えるのです。そのためには、まずは失敗を恐れずに決断し、一歩踏み出さないといけません。

●●●上司がいないのは、こんなに楽しい！

関西大学で後継ぎゼミを受講している学生から、たまにこんなことを言われます。

「どうしてお父さんの会社を継いだんですか？　世間的には伊藤忠にいるほうが、中小企業の社長をやっているよりもよくないですか？」

これを聞くと、あっ、やっぱりそういう学生もいるんだなぁと思うのですが、私からすると、社長は、ものすごく楽しいです。

上司がいないというのは、よくも悪くも自由です。

まず、よい話。

私は時間管理対象者ではないので、会社に行かなくても誰にも文句は言われません。凡事徹底というスタンスでいるので、9時までには出社して、17時半を過ぎないと退社しませんが、極端な話、平日にゴルフをしていたっていいわけです。

行きたくもない飲み会に上司に誘われて参加したり、忙しいときに急な仕事を振られたりすることもありません。宴会で芸を求められることもないし、誰かと急に食事に行って、上司に申請していないから「今日の交際費はどっちが出す?」というようなこともありません。

誰の指示を待つこともなく、自分で動いて、思い立ったらすぐに行動できます。アポの依頼を受けて会う、会わないを決めるのも自分。会社にとって必要な仕事を見極めるのも自分。だから、主体的に仕事をしているという感覚が強くあります。純粋に仕事に専念できて、意思決定をスムーズに行えるというのは本当に楽しいです。

次に、悪い点、というか覚悟しておいたほうがいいこと。

自由である代わりに、拘束時間は長いです。

土日祝日、100%休めるかというと休めません。休日であろうと、誰かに呼ばれたら行かないといけないし、月曜日から出張だったら、時間を効率的に使うために日曜日に移動することも多いです。

また、うちの会社はインターネット販売ということもあり、24時間365日営業しているので、土日にトラブルがあったり、アクセスが気になったりして、仕事から完全に切り離されることはありません。ただそれも実は苦しいと思ったことはありません。テレビを見ていても、子どもと遊んでいても、ふとした瞬間に仕事で使えるアイディアがないか考えている自分がいます。生活の中に完全に溶け込んでいるのでもはや仕事という感覚もありませんし、ストレスもありません。

上司がいる・いない。

メリット・デメリットがあるなかで、何が一番違うかというと、すべてが自分ごとなことかもしれません。

たとえば、前職のとき、他の部門が数百億円の損失を出したことがありました。数百億円というと、ものすごい金額ですが、主体的な痛さはありません。「あぁ、ウチの課の100年分の利益がなくなったなぁ」と思ったくらいです。

でも、今はすべてが自分ごとです。さすがに数百億円はありませんが、社員が「こんな案件取れました」とか「すみません、失敗してしまいました」というようなことが主体的にうれしいし、悲しいです。ある意味、社員全員分の成功や失敗を共有することができるので、毎日、生きている実感がものすごくあります。

もちろんプレッシャーもあります。

社員がどんどん増えてきて、その家族の生活も私の肩にかかっているので、大きな責任を感じています。でも、プレッシャーや張り合いのない生活は、きっと私にとっては退屈だと思うのです。

上司がいないということは、よくも悪くも自由。でも、すべての悪い面を補う以上のやりがいがあります。これは経験してみないと絶対にわからないことです。そんな機会に恵まれたなら、ぜひためらわずに、挑戦してほしいと思います。

第5章

事業承継は
最高のベンチャーだ

●●●社長業に業務の引き継ぎ書なんか必要ない

一般的に、前任者から業務を引き継ぐ場合は、引き継ぎ書というものがあります。しかし、社長に限っては、それがありません。

家業によってはあるかもしれませんが、我が家にはいっさいありませんでした。急に亡くなってしまったため、引き継ぐ時間もないし、すべてが父の頭の中にしまわれたまま消えてしまいました。

ドラマで、よくこんなシーンを目にします。

急死した父の後を継いだ息子が、墓前で天を仰いでつぶやく。

「親父なら、こういうとき、どうするかなぁ」

私はこういう行動をとったことがありません。天国の父に助けを請うことはないし、たとえ生きていたとしてもアドバイスは求めません。

2代目を継いでみて思うのは、細かい業務の引き継ぎ書なんて最初から必要ないということです。

踏襲するべきは、「この会社をよくすることで、社会に貢献していくんだ」という思いだけではないでしょうか。

「お父さんが生きていたら揉めたでしょうね」と、昔からいる社員たちに言われます。私もそう思います。

父と私は似ているところが多いです。弟は、物事をコツコツ進める縁の下の力持ちタイプですが、私は大風呂敷を広げて、ガンガン前に進んでいくタイプ。そして父は、私以上に前へ前へと突き進んでいくタイプです。

きっと、私と父が一緒に会社にいたら、揉める、主張する、揉めるの繰り返しになっていたことでしょう。だから、自分がいる間は入ってこなくていいと考えていたのだと思います。

幼いころから「お前には継がさへん」と言われていましたが、意外と長期プランで、私を後継者として育てようとしていたのかもしれません。

●●●諸悪の根源は、「先代なら〜」という現状維持バイアス

引き継ぎ書がないと、当然、自分で一から物事を考えて進めていくことになります。すると、古くからいる社員の中には、こういうことを言う人が出てきます。

「先代と言っていることが違います」

「そういうことは、先代ならしません」

「このままでは、全然違う会社になってしまいます！」

でも、そもそも私は「先代なら、こうするだろう」と思って意思決定をしているわけではありません。会社がより成長するために何をすべきか、社会に大きなインパクトを与えるためにはどうすればいいか、それだけを考えています。先代と手法が違うのは当然のことです。

したがって「先代は〜」と言う人に対して、私はこう言います。

「先代は2012年に亡くなっています。その時点の彼の考えを守り続けるということは、そこからいっさい成長できないということです。先代がもし生きていたら、僕と同じことを言うと思います」

組織にとって諸悪の根源は、現状維持バイアスです。

フェイスブックができて約10年。アマゾンがクラウドサービスを始めて約10年。iPhoneが世に出て約10年。10年で、世界はガラッと変わります。

いつまでも、先代はああだったこうだったと言う人は、表面的には会社や先代のことを大事に思っているように見えますが、結局「自分はこれまで通りのやり方しかしません」「自分からは何もしません」という現状維持バイアスなのです。

私は社員たちに常々「自分が始めた新しいことは、自分で改善してくれ」と伝えています。何かを始めて1年経ったときに「去年はこの方法は新しかったけど、今、これは新しいのだろうか。今、最善なのだろうか」と、自問してほしいのです。

実際、これを言い続けていると、社員たちから新しいアイディアや事業が、どんどん出てくるようになりました。

組織というものは、大きくなれば大きくなるほど、古ければ古いほど、それまで歩んできた道を容易に変更できなくなります。

だから、このまま進んでいったら崖から落ちるとわかっていても、簡単には組織慣性は止まりません。

そういった間違った慣性を止めて、組織を守るために社長がするべきことは、正しい道筋を示すことです。「そっちは危ないよ」と伝えたときに「いや、こっちなんです」と言う社員がいたとしても決して折れず、正しい道に変えるのが社長の仕事なのです。

これを貫くのは、大変なことかもしれません。

昔からいる社員は、現場のことをよく知っています。自分よりも詳しい人も多いでしょう。だから「なんで、そんな今までと同じやり方をしているんだ」「なんで変えないんだ」と言っても、誰しも今までのやり方を変えるのは嫌ですから、なかなか変えようとしません。しかしだからこそ、危機感を持つと同時に、組織を抜本的に変えられるのは社長しかいないという覚悟を持って臨むべきだと思います。

●●●既存事業を拡大させつつ、新しい柱を作る

事業承継をした場合、おそらく10年間くらいは今までのやり方でなんとかなります。ですが、これから30年、40年、50年と継続させ、発展させていくためには、次の事業の柱が必ず必要になります。

進め方としては、既存事業と新規事業の同時進行がベストだと思います。

なんでもいいから新しいことをやろうというのはNG。既存事業で収益が大幅に拡大できるというのであれば、まずはそこに注力すべきです。

ただし、「このビジネスと、この収益の柱はいつかなくなるかもしれない」という危機感を常に持って、新しい柱を作るのです。

世界的に有名な同族企業に、エルメスがあります。

私は、エルメス一族の言葉が好きです。

「我々は過去の遺産を引き継いだからここにいるのではない。未来のものを預かっているのだ。未来からの預かり物に対して、ここで我々がいい加減なことはできない」

これは要するに、過去に積み上げてきた遺産を食いつぶしているのではなくて、次に繋《つな》ぐ未来をみんなで作っているんだということです。

まったくその通りだと思います。

私がやるべきことは、会社をピカピカの状態で次の代に渡すことです。インターネットで建材を売るというビジネスは創業者が作ったものなので、次の代に渡すときの柱は自分で作らなくてはいけません。今は会社を長く残すために既存事業を拡大させると同時に、次の柱を作り始めているところです。

「甲子園に行く気がない人間は、今すぐこの船を下りてくれ」と発言して社員の4割がいなくなってしまったこともあり、今は社員がほぼ一新しています。

私の社員番号は97番で、この間入ってきた一番新しい社員の番号は230番なので、私の後に133名入社したことになります。現在の社員数は130人で、私が入社する前にいた人間は、もうほとんど残っていません。人が新しくなるということは、新しいカルチャーが生まれるということです。

私は、後継ぎ経営者のイメージをよくしたいと思っています。だから、柳井さんや星野さんの後に、こういう30代の経営者もいるというロールモデルになれるように努力しています。

ですが、そもそもいまや、親の会社をやっているという感覚が、ほとんどありません。今のサンワカンパニーは、先代のころとは違う、まったく新しい会社なのです。

●●●創業家以外、新卒社員から社長を出したい

私には夢があります。

それは、創業家以外から社長を出すこと。しかも、外部招聘《しょうへい》ではなく、新卒社員から出したいのです。

私が2代目に指名されたのは、消去法だと思っています。「お前しかおらん」という父の言葉は、当時の会社のステージで、父が知っている人間の中では、結局私しかいなかったということでしょう。

私が60歳のとき、息子は30歳を超えています。まわりからは後継ぎと目されるかもしれませんが、すぐに息子に継がせるつもりはありません。多くの社員をさしおいて、息子しか指名できない会社だとしたら、私がそれまできちんと社員を育成してこなかったということになります。

組織にノウハウを残し、それを使って会社を運営できる人材を育てて、プロパーの人間に渡す。それが私の夢です。

●●●業界では異例、社員にも反対されたが新卒採用に踏み切る

そのために、私は新卒採用に力を入れています。

私が社長に就任してすぐに、新卒を採用すると宣言しました。

すると、社員は全員反対。

「この業界は、アパレルと違って育成に時間がかかるんですよ」

「建築ってややこしいから、そう簡単にはいきません」

新卒を採用しても割に合わないと忠告されました。

しかし、就任2年目に過去最高益が出たとき、継続して新卒を採用していけるという確信を得たので、「翌年から採用します」と押し切りました。そして、２０１７年4月1日に第1期生を迎えることができました。

誰かを採用すると言っても、中途採用は、必ず前職の文化を引きずる部分があります。前

の会社はこうだったというサンプルがあるので、その文化が基準になります。ですので、私が入社したころのサンワカンパニーは、私を含めて前職の文化を少しずつ持ち寄って集めたようなチグハグな文化だったと思います。

その点、新卒は、まっさらな状態です。私にも、自分が新卒で入った会社があるから言えるのですが、会社の文化を創るのは新卒です。だから、その会社独自の文化を創るには、絶対に新卒が必要です。

私が考える、「事業承継の成功の定義」は、次の世代に渡すまでの新しいカルチャーが生まれた状態です。

これは、創業者側とは異なる考えになるのかもしれません。

創業者側が考える成功とは、自分の思い通りにやってくれること、信念が受け継がれていくこと。

一方、継いだ側が考える成功は、引き継いだ組織が、自分のガバナンスのきいた組織に変わることです。そして、ビジネスを発展させて、次に渡す目処《めど》を立てるのです。

事業承継が成功と言えるか言えないかは、パスした瞬間にはわかりません。「俺が思った方法と違う」と創業者が言ったとしても、会社の売上が伸びて、組織として成長して社会に貢献しているなら、私は成功だと思います。

●●●大手ではない当社にこれだけ新卒希望者が集まる理由

現在、2019年3期生分までの採用活動を終えています。ありがたいことに、採用にそこまで困ったことはありません。

毎年8～10人しか新卒を採用しませんが、エントリーは3000人を超えます。また、他社では、内定を出しても大体6割くらい辞退されると嘆いていらっしゃいましたが、うちは今、3期生まで含めて内定辞退は1人だけです。

なぜ、大手ではない当社にこれだけ人が集まるかというと、若いうちからチャンスをもらえるからだと思います。

一番若い課長はまだ20代ですし、1年目の社員にもいろいろなことを経験させています。

たとえば、海外での採用活動。

昨年「ボストンキャリアフォーラム」という、ボストンで行われる留学生を対象にした就職セミナーに参加しました。そのとき現地へ行ったのが、30歳の人事部の課長と、新卒社員です。

まわりのブースで、他社が「若いうちからチャンスをもらえます」とおじさん社員が言っているなか、「若いうちからチャンスをもらえます。現に私は新卒です」と言えるわけです。与えるインパクトが、まったく違います。エージェントからは、1人採れたらいいほうだと言われていましたが、5人採用することができました。

新卒を採用することは、独自の企業文化が創られていくほかに、もう一つ大きなメリットがあります。それは、我々に「教えるスキル」を与えてくれるということです。

中途採用は即戦力なので、手取り足取り教えることはありません。でも、新卒は違います。名刺の渡し方、電話の取り方さえも知りません。そういう基本的なことすら身に付いていない彼らに仕事を教えないといけないのです。

こういう経験がないと、本当の意味で教えるスキルというのは育まれていかないと思います。知らず知らずのうちに業界用語を使っていたり、過去の慣習というだけで疑問を持っていなかったことにも気付くはずです。

●●● 副業を認可、プレミアムフライデーも導入！

組織は人です。

大企業に勤めていたときに、自分一人でできることなんて限られているということが身にしみているので、社員が働きやすい環境作りに努めています。

○ノー残業デー

月2回、指定の水曜日をノー残業デーに設定し、定時退社を徹底しています。とはいえ、大それたことをしているのではなく、定期的な社内への周知や、就業後の声掛けなど地道な作業をコツコツ行っているだけです。今では、取得率は90％を超えています。

○プレミアムフライデー

実施企業は日本全体の約2％程度と言われているなか、制度開始時の2017年2月から導入しています。毎月最終金曜日は15時に一斉退社をしていて、取得率は毎月95％を超えています。スタッフ同士で食事に行ったり、甲子園に野球を観に行ったり、就業後にそのまま海外旅行へ行ったり、みな思い思いに活用しています。限られた時間内に仕事を終わらせる必要があるので、メリハリをつけて仕事に取り組めるようになりますし、コミュニケーションもよくなるので、残業をするよりもよっぽど生産性が上がると思います。

○副業の認可

2018年から副業への従事を認めています。通常業務以外を経験することで、スキルアップやキャリアの選択肢を拡大するのが狙いです。実際、当社ではイタリア語が堪能で翻訳業務をしている者や、海外でライブをする者、建築資格を持っていて二級建築士の試験対策講座の講師をしている者などがいます。

社外で自分のスキルを活かすだけではなく、そこで培ったスキルが本業に活きることもあります。たとえば、通常は間接部門で働いている社員が、語学力を認められて、イタリアで開催される家具の見本市のプロジェクトに参加し、ミラノに出張しました。あとバンド活動で海外公演という副業には驚きました。

○研修制度

入社後のＯＪＴ研修はもちろん、入社3年後より、英語圏を中心とした国へ、半年間の海外留学研修を新卒社員全員に実施しています。留学先は、カナダやアメリカなど、英語をネイティブ言語とする国の日本人の少ないエリアです。また、ｅラーニングで約200種類の講座を自由に受講できるほか、一日1回受講できるオンライン英会話研修、講師派遣型研修などを実施しています。

○ファミリーデーの実施

昨年、第1回を実施しました。社員の家族にも当社への理解を深めてもらうために、社員のお子さんをショールームや本社へ招いて開催。新卒社員が会社説明をしたり、オリジナルの名刺を作成して、お子さん同士で交換したり、働いているお父さん、お母さんのオフィスを見学したりしました。家族を大切にする雰囲気作りをすることで、ワークライフバランスの推進を図っています。私自身も、社員のお子さんたちと話をさせてもらい、楽しい時間を過ごしました。今後も、毎年実施していく予定です。

○全社員に人間ドックを実施

多くの企業は35歳以上を対象にしていますが、当社は契約社員を含めて入社1年目から、年に1回全員が受診することを義務付けています。何もないに越したことはありませんが、サンワカンパニーで働いていたから命が助かったという人が、私の在任期間中に一人でもいたらいいなと思っています。そのために人間ドック代が年間数百万円かかろうと、痛くもかゆくもありません。20代前半の若年層から健康に対する意識を高め、健康に長く働いてもらえることを願っています。

○部活動の推進

部活動として、社内公式クラブを設立しています。現在設立されているのは、テニス部、フットサル部、ボルダリング部、写真部。これ以外にも申請があれば、活動をバックアップしていきます。部活動に参加することで、通常の業務ではなかなか話す機会がないメンバーと会話をしたり、ときには社員の家族も交えて遠出をしたりすることもあるので、社員交流が活性化していると感じます。

これ以外にも、定期的に、従業員満足度調査というものをしているのですが、オフィス環境や福利厚生に関しては、かなり満足度が高いという結果が出ています。

昨日、産業医から上がってきた従業員のストレスチェックも、一般的な上場企業に比べて非常に低かったです。産休復職率も派遣・契約社員を入れて100%ですし、一番多い人は3人分取得しています。

ただ、よいことばかり言っているとウソ臭いので、恥ずかしい部分も正直に書きます。有給取得率だけが低くて、今期の初めは18%でした。でも、これはアカンと伝えると人事が中心になって40%まで上げてくれました。今年中に50%まで持っていきます!

●●●東京・青山に450坪のショールームをオープン

2016年8月、東京・青山に約450坪のショールームをオープンしました。

それ以前にも、同じく青山にある根津美術館の近くに200坪程度のショールームをかまえていましたが、そこは地下で日当たりも悪く「知る人ぞ知る」という佇《たたず》まいだったため、リニューアルを検討していました。

キッチンや洗面器具を扱う会社はショールームを新宿にかまえていることが多いので、新宿に移転するという選択肢もありました。しかし私は青山、しかも、さらに目立つ場所に開きたいと思っていました。

なぜなら「サンワカンパニーの商品を使って家を建てたい」という構図に変えたかったから、そして新宿や渋谷はベビーカーを押して来場しにくいと思ったからです。今はまだ、「家を建てたい」と思った人が、自分で建築資材や住設機器を購入したり、指定したりすることはほとんどありません。建築業者が指定したものの中から選ぶことが一般的です。でも、好きな家具を選ぶように、キッチンや洗面台だって、自分で見て触って、自由に選べるようになるべきです。材料ありきで、理想の家を作っていくのです。

そして「サンワカンパニーの商品を使って家を建てたい」と思っていただくためには、デザイン的に優れていることが不可欠です。だから、流行の発信地である青山にショールームをかまえて、世界観も含めて商品のよさを発信していくことが大切なのです。

ショールームは、450坪のうち150坪が通路になっている、ゆったりとしたつくりです。これもベビーカーを押したまま見学しやすいように考えてのことです。費用は約6億円かかりました。

前年度の当社の営業利益が4億6000万円だったので、社員たちからは当然反対されました。「利益を全部はたいて東京の一等地にショールームを開くなんて、いくらなんでもカッコつけすぎじゃないですか。しかも、3分の1を通路にするなんて、坪効率を考えたらありえません」と。

たしかに、一坪あたり商品が何個売れるかという効率を考えると、ありえない選択なのかもしれません。

しかし、私がショールームで売りたいのは、商品ではなくて世界観です。ショールームは、サイトでチェックした製品を実際に見て、当社のモノ作りの世界観に触れていただく空間です。サイトには、約6000点の取扱商品が載っていて、そのうち8割は自社ブランド、そして主に欧州の住設メーカーと独占契約を結んだ輸入品です。その8割の商品はサンワカンパニーでしか購入することができないわけですが、インターネット販売には「20万円の壁」と言われているものがあります。20万円を超える商品は、実物を見て触って確認をしないと、購入に至りにくいと言われているのです。だから、世界観を体感するとともに、高額商品を実際に確認できるショールームの存在は不可欠です。

●●●首都圏の売上は2倍に、商品開発力も高まる

こうして、社員の反対を押し切って6億円のショールームを作った結果、どうなったか。

一年で首都圏の売上が2倍になりました。現在、当社の売上の8割は、施主が自ら建築資材や住設機器を購入したり、指定したりして建築業者に施工を依頼する「施主指定」です。結果が出たら、誰も文句は言いません。皆「いやぁ、最高の立地ですね」と言っています。

ショールームを開いたことによって、商品開発力も高まりました。

たとえば昨日、水回りを見に来たお客様が、「いいと思うキッチンがあったけれど、60センチ幅の食洗機が入らないと困る。ここにあるものだと、45センチまでしか入らない」と悩んでいらっしゃるようでした。

だからすぐに、60センチの食洗機が収まるキッチンを開発しました。インターネットだけでは拾えないお客様の生の声を拾うためにもショールームは必要なのです。

また、現在は製品を販売するだけではなく、施工サービスも行っています。

ショールームを訪れたお客様から、「不満」が聞こえてきたからです。

「せっかく製品を手頃な価格で買えたのに、思ったよりも施工にお金がかかってしまった」

「製品を売るだけではなくて、施工も責任を持ってやってほしい」

こうした不満を解消するため、全国の30社の工務店と提携し、ショールームの半径100キロ圏内で、工事費とのセット価格でキッチンやバスを販売しています。この体制によって、お客様のニーズにより一層応えられるようになったと同時に、ビジネスも拡大しました。


ちなみに、オープンするにあたって、私の大阪人魂もいかんなく発揮されました。

ショールームをかまえたビルは、路面店として売り出されていましたが、実際は少し奥まったところにあります。そこで「路面店とは、道路が目の前にあるビルのことを言います。でも、ここは少し奥まっていますよね。だから、路面店の値段はとれないですよ」という交渉をして、少しオマケを付けていただきました。

また、ショールームがあるビルはとても大きく、他にも企業やテナントが複数入っているのですが、大通りから見える一番目立つところに「サンワカンパニー」という看板を、あたかも自社ビルかのように掲げています。負担しているのは電気代だけなので、非常に費用対効果が高いと思います。

●●●独自デザインを武器にして世界トップをねらう

私が社長になったとき、「うちの武器は何なの?」と社員に聞きました。「デザイン性です」と言うので、じゃあ、それをどうやって証明するのか問うと、社員は言葉に詰まってしまいました。

デザインのよさが武器であるなら、口で言うだけではなくて、ファクトで語ることが大切です。そこで私は、海外のデザイン賞に応募することにしました。

たとえば、ドイツのiFデザイン賞。

これは、1953年に始まったもので「デザイン界のオスカー賞」と言われるほど世界的に権威ある賞です。

世界50カ国以上から2万点ほどの作品が集まるなか、賞のグレードと数でランキングが決まるのですが、当社は2017年までの賞の獲得数が世界で34位。これはロエベと同一で、フェラーリと僅差です。

その中の日本企業の順だと、ソニー、パナソニック、ニコン、キヤノン、そしてサンワカンパニー。

こうやって、第三者機関に認められたデザイン性を担保しているというのは、大きな武器になります。

世界で勝つためには、現時点ではデザイン性が最も重要だと思っています。

たとえば、キッチンは使いやすさや安全性を追求すると、事故が起きないように角を排除した設計になりがちです。

しかし、そういった日本の業界の常識を踏襲していると、いつまでも当社は大手の背中を追いかけることになり、1位にはなれません。

ですから、基本的な機能性は確保しながら、独自のデザインで勝負する。そして、デザイン性の高い製品で世界トップになる。その次に、機能性に優れた商品群でも1位を獲得する。首位の座を手に入れてから次に進まないと中途半端になってしまうため、二兎は追いません。今は、デザイン性を武器に勝負します。

●●●価格を透明に、将来は家まるごとインターネットで売る

デザイン性を高めると同時に、他社との差別化を図るために注力しているのが、価格の透明性です。

家を建てたり、リフォームしようと思っている人が最も不安に思っているのは、価格の透明性だというデータがあります。価格が高い、安いはもちろん、理にかなっているかどうか、納得できるかどうかは重要なテーマです。

当社はインターネットで製品を販売しています。

自分たちの工場を持たず、直接工場から仕入れてネットで売るSPAカンパニーです。ユニクロやアップルなどと同じ仕組みです。

しかし、競合となるような設備や建材企業はメーカーです。

メーカーというのは、まずは流通商社に製品を売り、そこから一次問屋、二次問屋、工務店に渡るので、流通コストが製品価格に上乗せされていきます。

本来、品質が同一の場合は、どちらも同じ価格であるはずなのに、流通経路によって価格

が変わってしまうのです。

そうすると、どういうことが起こるか。

たとえば、工務店で家を建てるとします。システムキッチンを選ぶ日に、担当者が言いました。

「うちはA会社さんとは付き合いが多いので、半額でいけますよ。え、B会社さんのものがいいんですか？　あちらとはあまり付き合いがないので、1割ぐらいしか引けないですよ」

困りますよね。

製品そのものの価格がはっきりしないので、結局どちらを選べば得なのかも判断できません。

こうした、お客様の不満を解消して信頼を獲得するためには、価格をインターネットでしっかり示すというのは大きなポイントだと思います。それによって、施工会社がどこであろうと、サンワの製品を使う場合は、価格は一緒だという安心感が生まれますし、中間マージンを排除できるので、当社は、類似品の市価より3〜6割安く提供することができています。

デザイン性と価格を数字で語る。それがプロの仕事ではないでしょうか。

ただ、将来的には、大量生産の価格でカスタマイズ化できる時代がやってきます。手ごろな価格で、お客様のニーズに応えられるようになるのです。

そうなると、デザイン性というよりは、いかに細かいニーズに対応できるプラットフォームを作れるかが、カギになってくるでしょう。

現在は「このキッチンはデザインが魅力です。デザイン賞も受賞してるんです」と、アピールすることができています。でも「いいと思うけど、ここは違う色のほうが好きだわ」というように、それぞれの好みというものもあります。それに、どのような形で応えるか。

最終的には「同じ価格でどんなキッチンでも作れますので、このウェブで自由にカスタマイズしてください」というのを実現するのが、近い将来の仕事になると思います。その先はインターネットで家自体を売るスキームを考えています。どれだけ内装の価格構造を透明にしても、躯体や外観工事が不透明だと意味がないと思うからです。

●●●「持たざる経営」を選択できるのが後発企業のメリット

大手のメーカーは、物流機能を自社で持っていますが、当社にはありません。あえて、持たないようにしています。

なぜなら、今、自社で物流機能を持つと、ドライバーという人材を抱えることになるからです。

私は、近い将来、自動運転のトラックが商品化されると踏んでいます。そうなると、ドライバーと普通のトラックは、つぶしがきかなくなります。だから、ここ2〜3年は当社は物流が弱いと割り切って我慢をし、自動運転のトラックが商品化されたら、自社で物流機能を整えるつもりでいます。

これこそが、後発ブランドのメリットではないでしょうか。

たとえば、他社さんのようにすでに自社の社員が何千人もいると、すぐに人材を整理できません。退職金の積み増しをはじめ、さまざまな費用が発生します。でも、持っていない当社にはその必要がありません。

だから今は、たとえ不足しているものがあってもすぐに補おうとするのではなく、ちょっと未来に目を向けて、「多分、こういうサービスができるから、それを使おう」というスタンスでいます。

持たざる経営といいますが、今、ないからこそ、何かを検討するときに最新の手段で検討できるのです。

●●●世界最大級の家具見本市で日本企業初のアワード受賞

2018年4月、イタリア・ミラノで開催される「ミラノサローネ国際家具見本市」に出展しました。

この見本市は、世界中の住宅関係者約40万人が一堂に会す世界最大級のもので、東京ドーム約11個分のスペースに約2000社が集います。主催者側に認められた企業しか出展できないので、出展すること自体が難しいと言われています。

サンワカンパニーが初めて出展したのは2016年ですが、実はそれ以前にも、私はここを訪れたことがあります。あのときの悔しさは今も忘れられません。

私が「ミラノサローネ国際家具見本市」を初めて訪れたのは、2006年。交換留学でイタリアに在住していたときでした。

父が、買い付けを目的にミラノにやってきました。通訳として案内してほしいと頼まれたので、私は父と一緒に見本市を訪れました。

「あれ、ええんちゃうか」

ある展示ブースの前で、父が足を止めました。見ると、カタログが山積みにされています。

「一冊、もらってこか」

父が先方の担当者に名刺を手渡し、私がカタログを一冊もらいたいと伝えました。しかし、相手はサンワカンパニーの名刺を透かし見て、そのまま動こうとしません。

知名度が低いことに加え、中国人に間違われ商品をコピーされると危惧されて、カタログ一冊をもらうことができなかったのです。


そして、2018年4月。

私はあのときの雪辱の一部を晴らすことができました。サンワカンパニーが、出展企業約2000社の中から3社しか選ばれない「ミラノサローネ国際家具見本市アワード」を受賞したのです。

この賞は、展示商品はもちろん、その展示空間、コンセプトなどを総合的に審査し、最も優れた出展社を表彰するものです。受賞は、日本企業初の快挙でした。

サンワカンパニーが与えられた展示場所は、イタリアのトップブランドが並ぶエリア。入口前列から3列目に320平米という大きなブースをかまえ、「THE IMPACT OF COMPACT」をテーマに、コンパクトキッチンを8台展示しました。たとえば、蛇口を収納して板をかぶせることでデスクとしても使えるものや、冷蔵庫を収納できるキッチンなどです。

ミラノサローネ本部から「混雑する会場の中で、オアシスのような空間を提供した」「空間が製品を引き立たせ、ストーリー性を持っている」とのコメントをいただき、ミニマリズムを体現した空間を評価していただきました。

日本はもちろん、世界の大都市で地価が値上がりしていくなか、余分なものをそぎ落としたコンパクトキッチンのニーズが高まっています。出展中、当社のブースには約380のメディアが来場し、ヨーロッパの媒体をはじめ、日本国内のテレビ番組「ワールドビジネスサテライト」や、新聞、雑誌などに多数取り上げていただきました。また、出展後は、世界の約2000社から取引の希望がありました。

●●● 最初からグローバルで考えるのが一番効率的

私はテニスのラケットを置いたとき、もう一度世界で一番を目指せるものを探そうと決めました。そして今、サンワカンパニーを世界で一番の企業にするという目標を持っています。それをかなえるためには、世界で名を売るのが近道です。

東京ビッグサイトではなくて、世界一の展示会で世界一のパフォーマンスをする。日本国内に縛られるのではなく、グローバルで効率よく知名度とビジネスを拡大していくのです。

特に建築業界は、日本国内だけに目を向けていると確実に衰退していきます。家の数は人間の数に比例するので、人口が減少していくにつれて、新しく建つ家の数も減ります。

だから、人が増え続けているインドネシア、インド、中国などは、中長期的に見ると避けて通ることができません。インドネシアは、いまだに年間約300万人増えていっていますから、ほぼ2年でシンガポール一国が誕生しているのと同じです。

また、輸送技術や情報技術が発達するにつれて、ますます世界とのボーダーレス化が進んでいます。いつか、アメリカまで2～3時間で行けるようになるかもしれません。となったときに、日本の市場にしか適合しない規格に留めておくというのはナンセンスだと思います。そのように考えると、商品やサービスを開発するにあたって、最初からグローバルに考えるというのは基本になってくるのではないでしょうか。

ITインフラが整っていない途上国で、ネット販売という当社のようなビジネスを確立させるためには、まだまだ課題も多くあります。しかし、現地のゼネコンとジョイントすることで、小売りの裾野を広げられると思いますし、いち早く途上国に進出することで、先駆者利益も得られます。現在、サイトの言語対応を進めるほか、外国人社員の採用も始めていきます。いずれは、売上高の半分を海外需要で賄《まかな》えるようにするのが目標です。

もちろん、海外進出を進めるからといって、国内事業の手を抜くつもりはありません。ただし、今まで通りのビジネスでは通用しないと思っています。

日本のこれからを考えたときに、東京の一極集中がずっと続いていくかというと、私はNOだと思います。

たとえば、東京・大阪間はリニア新幹線が完成したら67分で行き来できるようになります。将来的には、もっと短くなるかもしれません。そうなると、東京に住んでいる意味は薄れていきます。高いお金を払って、小さな家を買おうと思う人がどれだけいるでしょう。同じお金を払うなら、もっと大きな家に住みたいと思うはずです。「戸建ては高いから、とりあえずマンション」という人も「やっぱり、一軒家っていいな」と思うようになるかもしれません。すでにとある調査では、住宅購入希望者の66・2％が一戸建て派、マンション派は2014年以降減少傾向にあるという結果も出ています。

そのときがチャンスです。

地方の広い土地に、大きな家を建てる。それがスタンダードになったとき、施主の細かいニーズに応えられるプラットフォームを用意しておくことが大切だと考えています。

●●●朝令暮改できるのはオーナー社長の武器

もし、朝の会議で決まったことが、夕方に覆されたらどう思うでしょうか。サラリーマンの方からすると「おいおい、勘弁してくれよ」という気持ちかもしれません。

でも、私からすると、朝令暮改をできるのは大きな武器だと思います。

私自身にも、朝令暮改がよくあります。

退社した後も、ジムで体を動かしていたり、車を運転していたりすると、「あの人にこれを頼んでみよう」「あの案件は、やっぱりこうしたほうがいいかもしれない」など、いろいろなアイディアが浮かんできます。だから翌日、社員にそれを伝えます。するると社員は「え？　昨日と言ってることが違うじゃないですか」とか「ちょっと、朝令暮改が過ぎませんか」とか、渋い反応をします。

そのとき、私はこう続けます。

「君からすると昨日の今日で朝令暮改かもしれないけど、これをするねと君に言った後、俺は何千回考えたと思う？　あの後も考え続けて、朝起きても考えて、車で通勤しながら考えた結果、やっぱりこうなんや」

熟慮に熟慮を重ねた結果の答えだということを伝えると、もう誰も何とも言わなくなります。

大企業の場合は、言い出してしまった手前「もう引っ込められない」というのがあると思います。でも、それは誰の得にもなりません。

社長として「昨日、俺はこう言ったけど、ここの視点が抜けてた。だから、ごめん、やめよう」と言えるのは非常に重要だと思います。言い出した手前、引っ込みがつかなくなって、間違っているとわかっているのに進んでしまうのは怖いことです。だから私は朝令暮改をします。

この話をすると、「朝令暮改をして、メンツが傷付くのは怖くないんですか?」と聞かれることがあります。

それは、考え方の軸を何に設定しているかだと思います。

自分のプライドを大切にしている人は、朝令暮改をするとメンツが傷付くと考えるかもしれません。でも、私は、自分のプライドや自分の資産はどうでもいい。

判断軸は、「お客さんにとっていいかどうか」です。

だから、自分のプライドのために間違った道を突き進むことはありません。朝令暮改は、大きな武器なのです。

●●●異端児と言われているうちは、まだ小物

既存の流通を通さず、ネットで建材を販売するという革命を起こしたサンワカンパニーは

業界の異端児と言われています。でも、そう言われている間はまだ小物だと思います。異端というのは、すなわちスタンダードではないということ。つまり、王道があってこその異端なのです。

サンワカンパニーのビジネスをスタンダードにするためには、まずは東証一部に行く。そして、ゆくゆくは家をまるごとインターネットで売るというビジネスを確立し、私が在任中に売上高1兆円を目指しています。

私は以前から、日本の住宅は不必要に高いと思っていました。家を建てるにしろ、リフォームするにしろ、施主は多額の費用を支払わなくてはいけません。そのため「家は一生に一度の買い物」と言われています。しかし、余計なマージンを取っ払って価格を抑え、理想の家を作れるようになれば、施主の満足度が高まります。そうすれば、何度もリピートしてもらえるようになるはずです。

それを後押しするのが、家をまるごとインターネットで買えるようにすることなのです。

父の経営理念は「私たちが提供するのは、物ではなく、空間です」でした。

父が生きている間に上場を果たすことはできませんでしたが、彼が上場を目指した一番の理由は、日本の住宅業界に選択肢を与えるということだったと思います。

売上が上がればいい、株価が上がればいい、ということではなくて、クリーンな方法で、新しいことにチャレンジして、一にも二にもお客様のメリットを追求したい。父のそうした思いを受け継ぎつつ、私は私のやり方で、東証一部の鐘を鳴らしてみせます。

異端から王道へ。日本から世界へ。創業40年の大阪ベンチャーの冒険は始まったばかりです。

第6章

悩めるアトツギのためのチェックシート

●●●現社長から具体的なバトンタッチの意思表示はあるか？

世の中には、どのように事業承継を行うべきかという「バトンを渡す側のマニュアル」はたくさんあります。

でも、すでに申し上げている通り、バトンをもらう側、すなわちアトツギの心構えや確認点、着手することなどを説いたものはほとんどありません。

第5章までは、私の体験をお伝えすることで、一つのサンプルを示してきました。

しかし、事業承継の形は千差万別です。「まだ継ぐことも決まっていないし、継いだほうがいいのかどうかもわからない」「継ぐことにはなったけど、結局何をどうすればいいんだろう」と悩まれる方もいると思います。

そこで、この章では、私なりに考えた「悩めるアトツギのためのチェックシート」をご紹介していきます。

この本を手にとっている方の中には、すでに家業を継いで、私と同じように試行錯誤の毎日を過ごしている方もいるでしょう。

あるいは、家業がある家に生まれ、漠然と、どうすればいいか迷っている方もいるでしょう。もし、そうだとしたら、今すぐ、継ぐか継がないかを決めなくてもいいと思います。大切なのは「今、家業に向き合っておくこと」です。

「もしかしたら、自分が継ぐのかな」「親父はどう思ってるのかな」と、ずっと頭の隅に引っかかっているのに先送りにしている問題と真剣に向き合うのです。

決断は、突然迫られることが往々にしてあります。しかも、自分の事情はまったく考慮されないタイミングであることがほとんどです。

最後に決断するのは自分です。

どんな未来が待っていても、言い訳せずに、自分らしい人生を送れるか？

そのためには、まず状況を整理して、家業と向き合う必要があります。チェックポイントを挙げていくので、これを機に、一度真剣にご自身の家業と向き合ってみてください。

まずは、「経営者から具体的なバトンタッチの意思があったのか」ということ。

存命の場合は、ラッキーです。話し合いができるからです。

「どう思ってるの？」

「俺は、チャンスがあるんだったら後を継いで、会社というリソースを使って新しいことをやるのも選択肢にしたいと思っている」

「俺に継がせるかどうか、なんで迷ってるの？」

「継がせる前提で進めてみない？」


腹を割って、話し合ってみてください。

最初のうちは、「お前なんかには絶対に継がせない」「嫌なら、やめろ！」など、話が進まないかもしれません。でも、それは本当に親の本心でしょうか？

私もずっと「お前には継がさへん」と言われて育ちました。でも今思うと、変な甘えが出ないようにしていたのかもしれません。私には自堕落な部分があったので、たいして努力もせずに、受験もせずに、就職活動も力を入れずに、最悪親の会社に入ったらいいかというような気持ちになられるのが、父は嫌だったんだと思います。

後を継ぐかどうかという話は、一番大事なことのはずなのに、意外とタブーになっている

悩めるアトツギのためのチェックシート

□現経営者から事業承継について具体的な意思表示はあるか？

ない場合

親が存命→お互いの承継意思の有無、承継の時期などについてまず話し合う

親が他界→自分以外に候補者はいるのかを確認する

□すでに家業に入っているのか？

□現社長の強みと弱みは何か？（A～Eの5段階で評価）

□計画の策定　□人材の採用・育成　□生産管理・販売管理
□労務管理　□資金繰り　□帳簿管理　□決算作業
□営業活動　□購買活動　□広報活動
□ロビー活動・講演活動　□投資活動　□新規事業
□開発業務　□トラブル対応

□現社長より自分が優れている部分はどこか？

□家業のメインターゲット層の年齢構成は？　従業員の平均年齢は？

□家業は黒字？　赤字？　本当に赤字？

ケースが多いように思います。

継ぐ、継がないの話はもちろん、親がどういう仕事をしているのかさえ詳しく知らないことがよくあります。

私自身も、父親の仕事について自分から積極的に聞いたことはありませんでした。

私は28歳まで実家で暮らしていたのですが、風呂がそこそこ広いので、私が風呂に入っていると「俺も入るで」と言って、父親が入ってくることがありました。

だけど父親が仕事の話をし出すと「俺、先に出るわ」と言って出てしまっていました。「説教されたら面倒くさいから、パパッと上がろう」と思っていました。

今振り返ると、もうちょっと話をすればよかったと思います。ただ、前にも言いましたように、うちの場合は車で一緒に通勤していたので、毎日1時間、しっかりしゃべっていました。これがあっただけで、全然違います。

だから、親が生きている間に、タブーだとか恥ずかしいだとか、そういう感覚を捨てて、学ぶという姿勢で話し合ってほしいです。「継いだるわ」とかそういうのではなく、「継ぐということも選択肢に入れているんだ」ということを伝えたうえで、話してみてください。

もし、すでに他界している場合は、他に後継ぎ候補がいるかどうかが重要になってきます。兄弟のほか、社内にいる可能性もあります。

これは、事業承継する際に、最も揉めやすい部分です。

うちのように、次男もいたけれど「いや、俺はまだ無理」と引いた場合はいいのですが、兄弟がみんな、俺がやる、俺がやるとなった場合は、非常にややこしいことになります。長男の奥さんがしゃしゃり出てきて「うちの旦那が長男なのに」と、次男家族にかみつくこともあります。

しかし、今の時代、長男だからとか、男だからというような理由ではなく、客観的に見て誰が一番信任されやすいかを考えることが大切だと思います。

たとえば、お兄さんはおっとりしていて、どうみてもリーダーには適していない。それだったら弟がなったほうが会社的にも社外的にもいいんじゃないか。でも、弟はフリーターでバイトしかしたことないしなぁ、それよりも妹のほうが銀行からの見た目もいいんじゃないかとか。そこは総合的に判断すべきところだと思います。

「うちは女系やから後継ぎがおらん」という声が、関西ではまだまだ聞こえてくることが多いのですが、逆に言うと、女性が後継ぎになると目立ちます。社長は会社の広告塔という意味では、十分検討する余地があるでしょう。

また、もし、社内に「社長から指名された」という人がいる場合は、その証拠をしっかり確認する必要があります。

たとえば、先代が死の淵をさまよっているときに「社長、いいですね、私が後を継ぎますよ」と社員が言ったら、先代が敬礼をしてくれたと。

「だから私は社長に指名されたんだ」と言い張ったとしても、死ぬ間際には、筋肉が勝手に反応して、意識がないにもかかわらず腕が上がることもあります。本当に意思が伴っていたのかを見極める必要があるでしょう（第1章でお話ししたように、うちのケースがこれでした）。

そして、いざ事業承継すると決まった場合、親には出ていってもらうことをおすすめします。

社員目線で言うと、「一応、会長にもお伺いを立てておくか」となるので、コミュニケーションルートが複雑になります。また、「会長派」「社長派」という無意味な派閥を作ることもあるので、社内のリソースをロスします。

引き継ぐ側の目線で言うと、やっぱりやりづらいと思います。先代のやり方は古いと思っていても発信しにくいし、言ったら言ったでケンカになるかもしれません。だから、事業承継すると決めたからには「半人前だからと言わずに、つぶしてもいいぐらいの感覚で渡してくれ。もう口を出さないでくれ」と、はっきり告げるべきです。

「本当につぶしてしまいそうで怖い」と思うかもしれませんが、判断に迷うたび、会長に相談に行くという逃げ道を作ってはいけません。

自分一人で考えるのは、たしかに孤独だし、不安もつきまといます。でも、一人で考え抜いて腹をくくって意思決定をした回数と、それによって失敗した回数が、自分を成長させてくれます。「あれはうまくいかなかった」「次はどうしたらうまくいくのかな」ということを一人で孤独に試行錯誤することによって、経営者としての能力が高まっていくのです。

●●●すでに家業に入っているのか？

あなたが今、すでに親の会社に入っている場合は、その会社の中で圧倒的なパフォーマンスを見せなくてはいけません。「やっぱり違うな〜」と思わせないと、社長になったときに「え、あれで大丈夫？」と思われてしまいます。

入っていない場合は、先代と異なる武器を磨くことに集中すること。

ＩＴや海外市場開拓など、中長期的に経営をするうえで役立つスキルを磨くのです。

●●●現社長の強みと弱みは何か？

また、現社長の業務確認をすることも大切です。次に挙げる業務のうち、社長自身が担当しているものは何でしょうか。そして、その質をＡ〜Ｅで評価するとどうなるでしょう。それをチェックしていくと、会社の強みと弱みが見えてきます。

□ 計画の策定
□ 人材の採用・育成
□ 生産管理・販売管理
□ 労務管理

□ 資金繰り
□ 帳簿管理
□ 決算作業
□ 営業活動
□ 購買活動
□ 広報活動
□ ロビー活動・講演活動
□ 投資活動
□ 新規事業
□ 開発業務
□ トラブル対応

たとえば、現社長の前職が人事だったら「労務管理」がAになるかもしれないし、前職がマスコミ関係だったら「広報活動」がAになるかもしれません。

これを本人にやらせようとすると、嫌がったり正しくジャッジできなかったりする可能性があるので、継ぐ側の人間が客観的に見る必要があります。会社の人にもいろいろ話を聞いてみると「実は、トラブル対応は全部私が見てるんです」ということもあるかもしれません。

そして、業務別に評価が出たら、まずは弱い部分から補強していきます。弱い部分のスペシャリストを雇って、現社長が苦手としている部分を補うほうが結果が出やすいからです。「誰々さんが入ってくれたら、急に営業成績が上がった」「誰々さんのおかげで、会計がわかりやすくなった」など、もともと30点だったところが80点になると、結果がわかりやすいので社員の信任を得やすくなります。

最終的には、社長のやるべき仕事は「ロビー活動・講演活動」と「新規事業」だけだと思います。それ以外は、全部社員が掌握するのが理想的です。

うちの場合は、一番強かったのが「開発業務」。父は商品開発とデザインのセンスに優れていたので、Aだったと思います。当時、メーカーのほとんどが機能を第一にして商品開発をしていたのに対し、デザインを大切にしたことで差別化を図ることができました。

「新規事業」「トラブル対応」「ロビー活動・講演活動」もA。ちなみにロビー活動というのは、いろいろな会合に出て、人脈を広げることです。

それ以外は、全部DかEでした。

帳簿の管理はめちゃくちゃ。資金繰りは、前金だったので大丈夫でしたが、それは仕組みがよかっただけで、資金繰り表もありませんでした。ベンチャーだったので、労務管理も全然ダメ。

生産計画もないし、販売計画もない。計画なく作っていって、たまたま売れたからよかったという感じです。

人材の採用・育成もありません。新卒採用もしていませんでしたし、それに対しての育成マニュアルや研修もなかったので、社員が育つ仕組みになっていませんでした。そうすると、いつまで経っても、給料を上乗せして同業他社から人を引っ張ってくることになるのでコストが高くなってしまいます。

投資、これもダメです。決算作業も広報もダメ。ITを使った広報もできていませんでした。

購買は、本人はやっていたつもりなのですが、販売計画と生産計画がないなかで、仕入れ計画だけ立てるというのは無理なので、これもザルでした。

営業活動も、BtoBで大きい商売をとることはできていませんでした。

中小の場合、個人商店の域を出ていないと、注力するものが偏らざるを得なくなることがあります。別に他の能力がないわけではないけれど、どこに注力すると一番結果が出やすいかというのを突き詰めていった結果、「開発業務」や「新規事業」に行きつくのです。いい商品を作れば、売れて、仕入れも安定するし、資金繰りも安定するので、ある意味合理的な選択とも言えます。

うちの父親は、かなり偏りがあるタイプでしたが、中小企業の社長で最も多いのは、全部Cのタイプです。なんでも、そこそこできるマルチなタイプです。でも、組織としてみたときに、レベルの低いマルチタスクの人間が必要なステージと、レベルの高いスペシャリストがそれぞれの部署にいなければいけないステージというのがあります。

だから理想は、早く後者のステージに移行させていき、自分はロビー活動・講演活動と新規事業だけに注力できるようにするのが、組織としては健全だと思います。

●●●現社長よりも自分が優れている部分はどこか?

先ほどの業務確認のチェックを活かして、今度は自分の強みを探ります。

私の場合は総合商社出身なので、投資、広報、人材の採用・育成は、自分がちゃんと育ててもらった経験があるおかげで、一流企業の基準を知ることができました。

あと、残業の管理も非常に厳しかったので労務管理も大丈夫でしたし、決算作業も1年目のときに課の決算を全部担当させてもらっていたので、父親がDかEだったところもBぐらいはできました。

こうやって、現社長と自分の得意・不得意をあぶり出し、現社長が苦手で、かつ自分が得意な業務に注力すると、タイプの違う経営者になれるし、結果も出やすくなります。

特にＩＴは必須です。

自分でプログラミングできる必要はありませんが、たとえばどういうアプリがあって、世の中はどういう流れでデジタルシフトしていくのかということは、しっかり把握していないといけません。

「うちは小さな製造業だから、ＩＴは関係ない」と考えるのは、もったいないです。属人性を排除していくためには、ＩＴで仕事を「見える化」することも大切ですし、ＳＮＳの効果も侮れません。

先日、こんなことがありました。

40代の経営者と食事をしていたときに、相手の娘さんの話になりました。彼の娘さんは、高校3年生でインスタグラムをしているそうです。家は大阪ですが、神戸のカフェに行くそうなので「有名なところなんですか？」と聞きました。すると「よく知らんねんけど、娘がインスタをフォローしている人が、よく行くカフェらしくて」とのこと。てっきり有名人かと思ったら、相手は一般人で、フォロワー数は1万人くらい。

彼の娘さんに言わせると、一般人でフォロワー数が1万人くらいの人が一番信用できるそうです。「有名人はお金をもらってお店を紹介してるけど、1万人ぐらいの人は、本当においしいと思って行ってるから信頼できる」と言うのです。

これを聞いたときに、「あ、ちょっと時代が変わってきてるな」と思いました。

今の若い人たちは、有名人が出演しているテレビCMよりも、スマホの中の一般人のほうが信用しやすいのかもしれません。たしかに、スマホは一番の接点です。私自身、テレビを見ない日はありますが、スマホを持たない日はありません。

ITリテラシーが弱い経営者は、今後は絶対残っていけないと思います。

●●●家業のメインターゲット層の年齢構成は？ 従業員の平均年齢は？

家業のメインターゲット層と、従業員の平均年齢をなるべく近付けて、ジェネレーションギャップを縮めることが重要だと考えています。

当社の場合は、ターゲット層は住宅の一次取得層である25〜44歳。それに対して私が就任したときの従業員の平均年齢は42歳。それまで中途しか採っていなかったので、平均年齢が上がってしまっていました。ターゲットの枠内ではありますが、日々目にするメディア等が世代によって異なることを考えると、平均年齢は30代半ばが理想的だと思いました。

私自身、現在35歳で、ターゲット層のど真ん中です。今、家を買いたいという世代の気持ちがわかるし、欲しい情報や、検索の仕方もわかります。現に私は自社商品を使った自宅を今年建築し、それをインスタグラムでアップしています。

しかし、もし私が70代だとしたら、「昔はこうだった」という話しかできなくなりますし、社員もそれを「古い」とはなかなか指摘できないでしょう。

平均年齢をターゲット層に合わせるために、私はすぐに新卒採用に取り組みました。

「新卒を採用するのはお金がかかるし、ちゃんと育つかもわからない。すぐに辞められたら大損だ」と思うかもしれません。でも、そんなことはありません。

これは、ある事業再生機構で、ずっと業績が傾いているところに経営者としてテコ入れに行った方からの話です。

その方が真っ先に行ったのは、新卒を入れることでした。

テコ入れ前の会社は、雰囲気も最悪。「この会社は、きっともうすぐつぶれてしまう」と、社員たちの士気が下がっていました。しかし、新卒を採用したことで「まだ、会社として未来があるのかもしれない」と社員の顔つきが変わったそうです。つまり、新卒を入れることで社員のマインドを変えることができたのです。

当社の新卒第1期生は2017年4月入社。新卒採用を始めて10年で、社員の半分以上を新卒出身にしたいと思っています。だから、業績がいいときも悪いときも、毎年8~10人くらいずつ採用していくつもりです。ある年は景気がいいからといって、20人採ったのに、翌年は景気が悪くなったから2人しか採らないとなると、構成がおかしくなりますし、採用人数が少ない代の社員は発言力が弱くなります。だから、景気や業績に左右されることなく、毎年均等な数を入れていきたいと思っています。

新卒採用の重要性を話しても、たいがい「うちはそんな体力ありません」「即戦力しか興味ないです」と言われます。どのステージの会社でもそうです。うちも、最初は社員から反対されました。「建築業界は教育に時間がかかります。アパレルとは違いますよ」と言われましたが、バカにするな、です。後を継いだばかりで新米社長だからと言い訳するのではなく、逆にどんどん、新卒を採用すべきです。新卒は、絶対に会社に貢献してくれます。

●●● 家業は黒字？ 赤字？ 本当に赤字？

非上場の企業の場合、帳簿上は赤字でも、実際は節税のために自宅や別荘、車、ゴルフの会員権、それに関わるすべての費用を経費として計上しているケースがあります。よくよく話を聞いてみたら、会社の経費で落としている不動産があって、その家賃収入でけっこう潤っているケースだってあるかもしれません。

だから、「赤字だから継ぎたくない」という前に、実態を把握する必要があります。赤字は赤字でも、手法を変えるだけで黒字になることもあります。

たとえば、日本交通の川鍋一朗さんは、引き継いだときに2000億円の借金があったそうです。しかし、ちゃんと調べていったら、採算が明らかに悪いのに値上げに踏み切れていないルートがあることがわかったそうです。

そこで、川鍋さんは正直に「ここは本当は赤字なんです。値上げに応じてもらえない場合は、申し訳ないけど撤退させてもらいます。そうしないと我々がつぶれてしまうんです」というようなことを取引先に説明して回ったそうです。するとほとんどの取引先が値上げを了承してくれて、黒字化することができたそうです。

このように、今までのやり方にこだわっていると赤字であっても、新しい風を入れることで、黒字に転換させられることもあります。だから、赤字の本質も合わせてチェックすることが大切かもしれません。

そのうえで、もし本当にどうにもならないような赤字なら、相続すると借金を返すところからのスタートになります。その場合は、相続を放棄してサラリーマンを続けるか、起業したほうがいいかもしれません。

●●●

エピローグ

誰にも言わなかったこと

●●●父に「ありがとう」と言えなかった

父は、最後まで病気を治そうと頑張っていました。

「俺はそれでも治すから。こんなガリガリになって、腹水も溜まってるけど、絶対治すから」

私たち家族は、すでに医師から時間の問題だと告げられていたので、望みが薄いことはわかっていました。

もう父親とは、話せなくなるかもしれない。

感謝の気持ちを伝えたい。

今まで育ててもらったお礼を言いたい。

だけど、私はどうしても「ありがとう」と言うことができませんでした。

「今まで、育ててくれてありがとう」

そんなことを言ったら、治ると信じて頑張っている父に、とどめを刺してしまう気がしたからです。

間もなく父は意識を失い、私は結局、ありがとうと言うことができませんでした。

意識を失う間際に父が言った最後の言葉は、

「まだまだ、やりたいことがあったんやけどなぁ」でした。

あの日以来、私は泣いていません。

葬儀の席でも泣いていませんし、父が亡くなった4カ月後に長男が誕生したときも、もちろんうれしかったけれど涙は出ませんでした。

自分が親となり、2人の子どもを育てるなかで思うのは、父は本当にたくさんのことを私に教えてくれたということです。

挨拶や時間厳守など、凡事徹底の大切さ。

ビジネスに対する価値観。

決断して、自分で道を切り拓《ひら》く面白さ。
精一杯生きる楽しさ。
仕事をライフワークにできる喜び。

私も、子どもたちには会社や資産を残すのではなく、父がしてくれたように教育を与えてあげたいと思っています。

そして、子どもが大きくなったときに「おじいちゃんは、どんな人だったの？」と聞かれたら「サンワカンパニーを作った人だよ」と言いたい。そして「そうなんだ、すごい！」と言ってもらえるような会社にしたいです。

もちろん、会社は、社員や取引先、株主、そしてお客様のために存在しています。でも、根っこのところには、やっぱり個人的な思いが深く根ざしています。だからこそ、すべての判断軸が「会社のため」になりますし、仕事をライフワークにすることもできました。

まだまだ、私は駆け出しです。

失敗もするし、わからないこともたくさんあります。でも、最初から完璧な人はいないので、失敗しながら日々成長していけばいいと思っています。

そしていつの日か「家をまるごとインターネットで売る」という夢をかなえ、ポジティブな涙を流したいです。そのときようやく、父から私への事業承継が成功したと言えるのかもしれません。

あとがき

学生時代、決してアカデミックなタイプではなかった私が書籍を出版することになるとは、夢にも思っていませんでした。今回貴重な機会をいただいた関係者の皆様に、あらためて御礼を申し上げます。ありがとうございました。

代表取締役社長に就任して丸4年が経ち、10月から6期目に入ります。よくも悪くもいろいろな経験をさせてもらっています。

30歳のある日、事業承継で突然上場企業の社長になって私が経験したこと、感じたことをお伝えすることで、少しでも次世代のアトツギたちの背中を押せれば、また、オーナー企業で働く方々が会社や経営者について考えるきっかけになればと思ったのが、今回書籍を出すことになった動機です。

ですから、内容を考えるうえで心がけたのは、失敗談や恥ずかしい部分など、文字にするのを躊躇《ためら》ってしまう部分こそ、本を手にとってくださる読者のためにオープンにしようということでした。綺麗事や自慢話より、生々しい部分に意味があると考えたからです。

ふと俯瞰《ふかん》して経営者の仕事を見てみれば、つらいことのほうが多いように思います（私の場合、つらい出来事があっても、気持ちのどこかで「いつかこれも笑いのネタにしてやろう」と思える関西人気質があるので、得しているところもあるのかもしれませんが）。けれど、事業には、そのネガティブな部分を補ってあまりある面白さ、やりがいがあります。それが一番伝えたかったことです。

夢を掲げて、そこに仲間が集まってムーブメントになり、少しずつ世の中を変えていく。人に感謝される。社員一人ひとりの成功や失敗がすべて自分事となる。これ以上に生きているという実感を持てるものは、ないんじゃないかと思うほどです。

２０１９年でサンワカンパニーは創業40周年を迎えます。今のメンバーでまだ何を成し遂げたわけでもないのですが、このチームならきっとやれるという組織になってきました。

次は、経営者としてしっかりとした業績を上げ、アトツギ候補たちに先輩アトツギとしての結果を示すことが重要だと認識しています。

やるからには会社をユニクロや星野リゾートのような日本を代表するオーナー企業にし、自分も日本を代表するオーナー経営者になりたいと思います。

最後に。

ポジティブな事業承継が増え、後継者不在の黒字廃業によって失われるはずだったＧＤＰや雇用をプラスに転じさせることができれば日本はもっとよくなる。アトツギが日本を救う。

私は心からそう思っています。

いつの時代も評論家ではなく、行動する人が世の中を変えます。

アトツギよ立ち上がれ！

２０１８年9月

山根太郎

山根太郎（やまね・たろう）

1983年、奈良県奈良市生まれ。関西学院中学部、高等部、大学経済学部を卒業。大学在学中はプロテニス選手を目指して海外を転戦するも断念。就職前にイタリア、フィレンツェ大学に交換留学。2008年伊藤忠商事株式会社繊維カンパニー入社。2010年から2年間上海駐在。2014年、株式会社サンワカンパニー代表取締役就任、東証マザーズ最年少社長に（当時）。海外進出、東京・青山に450坪のショールーム開設など、積極的に事業を展開。2018年には、世界最大規模の家具見本市「ミラノサローネ国際家具見本市」で最も優れた出展企業に贈られる「ミラノサローネ国際家具見本市アワード」を日本企業として初めて受賞。

アトツギが日本を救う
事業承継は最高のベンチャーだ

2018年10月10日　第1刷発行

著　者　山根太郎
発行者　見城 徹
発行所　株式会社 幻冬舎
〒151-0051 東京都渋谷区千駄ヶ谷4-9-7
電話　03(5411)6211(編集)
03(5411)6222(営業)
振替　00120-8-767643
印刷・製本所　錦明印刷株式会社

検印廃止

ISBN978-4-344-03369-6 C0095
幻冬舎ホームページアドレス　http://www.gentosha.co.jp/

この本に関するご意見・ご感想をメールでお寄せいただく場合は、
comment@gentosha.co.jpまで。